El método de Neurotransformación

Adrián Alavés

EL MÉTODO DE NEUROTRANSFORMACIÓN

**Dile sí a tu naturaleza humana para lograr una vida plena
a través del autoconocimiento**

Urano

Argentina – Chile – Colombia – España
Estados Unidos – México – Perú – Uruguay

1.ª edición: noviembre 2023

© 2023 by Ediciones Urano México, S.A. de C.V.
Ave. Insurgentes Sur 1722, 3er piso. Col. Florida
Ciudad de México, 01030. México
www.edicionesuranomexico.com

ISBN: 978-607-748-819-4

Impreso por: Kreishaus, S.A. de C.V.
Cerrada de Héctor Ortiz, Mza 3, Lote 26. Col. El Vergel, 09880, Iztapalapa, CDMX.

Impreso en México – *Printed in Mexico*

Sí me acepto

Cuando nos hacemos la pregunta de si nos conocemos a nosotros mismos, la respuesta que sin duda nos damos es: ¡Sí!

Pero ¿profundizamos realmente en lo que es el autoconocimiento o sólo contestamos en automático? La respuesta automática con seguridad será impulsiva y estará relacionada con la idea que tenemos acerca de quiénes somos con la experiencia de lo que vivimos en el presente, con respecto del hogar en donde habitamos, la profesión que desempeñamos y la forma en que convivimos con las personas. Pero, conocerse a uno mismo, implica mucho más allá de un «sí» o una «breve descripción espontánea» como contestación, involucra aspectos como la autoestima, la seguridad, nuestra imagen, el entendimiento, la atención de nuestras emociones y el valor que, como individuos, nos asignamos, y que sustenta la base del crecimiento personal.

Es un hecho incuestionable que todas las personas cambiamos conforme vivimos la vida y el tiempo pasa. La transformación que forma parte de nuestro ser no solamente es debida al factor tiempo, sino que se suman otros como la herencia genética y el entorno, que se relacionan directamente con cambios en nuestras emociones, en la química de nuestro cerebro y en nuestra conducta, formando —todo ello— lo que conocemos como etapas del desarrollo humano.

La pregunta ahora es ¿qué tan sencillo nos resulta el acceso a nuestros pensamientos, a nuestras emociones, a mirar dentro de nosotros mismos?, este acceso, ¿nos permite conocernos?, ¿nos hace posible tener un adecuado desarrollo? y, lo que no es adecuado ¿lo dejamos de lado o vive con nosotros y nos acompaña a todas partes afectando nuestra vida? Muchas preguntas, pero menciono la última y una de las más importantes: ¿Darme el sí, transforma mi vida?

¡Por supuesto! ¿Cómo? Viendo lo que otros no ven, haciendo un viaje al interior de nuestra mente, visualizando nuestras emociones, nuestro comportamiento a lo largo de las diferentes etapas que hemos recorrido e identificando la gran influencia que nuestra vida ha tenido, las interpretaciones que hicimos en la infancia para lograr poner en contexto diferentes experiencias o situaciones en las que podemos vernos implicados, para con ello, tener las herramientas necesarias para moldear y cambiar nuestra realidad, hacer uso de esa fuerza interior y voluntad que nos habita para querer cambiar las cosas, los dones, la fortaleza, el enfoque, la tenacidad y la creatividad que nos permiten lograr esa conexión con la energía del planeta y tener una vida mejor, en paz, en felicidad, reconociendo que cada uno de nosotros tenemos nuestro propio proceso evolutivo y que en este se queda guardada la interpretación que puede anclar o impulsar nuestro propio desarrollo.

Por ello, el objetivo de este texto es dar una guía enriquecedora que permita visualizar el comportamiento humano en sus diferentes etapas de vida, las cuales, con frecuencia, se transitan sin rumbo y sin herramientas para conducirse por un camino que nos deje sentir plenitud, felicidad, además de poder conocer el cómo se es influenciado por las interpretaciones de la infancia. Contiene las estructuras del desarrollo humano, el camino correcto, el proceso para identificar las necesidades biológicas y espirituales en las diferentes etapas, las herramientas del cerebro y la mente para actuar de forma consciente o inconsciente a lo largo de la vida.

Este libro ayuda a las personas a transformarse como seres humanos, a modificar la realidad que les rodea, a encontrar su *Alto Ideal* y, además, es una invitación para que adquieran *el conocimiento* y lo enseñen a otras personas. Adrián Alavés reta a las personas a que hagan del aprendizaje de su vida, un aprendizaje para transformar la vida de otras personas, ya sea de forma personal, familiar o incluso a nivel organizacional, compartiendo dicho conocimiento para ayudar a elevar el nivel de conciencia de las personas, a entrenar la mente, a crear nuevos caminos neuronales, a verse a sí mismos comprendiendo la raíz de su sufrimiento, sanando, separándose del subconsciente, dirigiendo su mente hacia donde se desee: hacia el amor y la salud, hacia la libertad, hacia una vida con propósito, a compartir sus dones y poner su *Alto Ideal* al servicio de la humanidad para estar en absoluta felicidad, para corregir el rumbo, para evolucionar...

Helios Herrera
Consultor y conferencista internacional

Índice

Agradecimientos

Al creador de todo lo que existe, gracias.

Gracias por regalarme una familia maravillosa donde mis padres, con su ejemplo de pareja, resiliencia y hospitalidad, me dieron un buen corazón, capaz de valorar todo lo que tengo.

No pudiste regalarme mejor compañera, cómplice y esposa, quien logró guiar y encaminar mi destino.

Me regalaste hijas que le dieron color y pertenencia a mi vida.

Me regalaste vida y la capacidad de disfrutar a todos los que han estado presentes. Gracias por convertirlos en maestros de grandes lecciones en amor, en saber, en leer y asimilar las historias de cada uno de ellos. Espero seguir disfrutando más páginas de su historia, de la mía y de la de muchos más que me falta aún por conocer.

Con quién decido pasar el resto de mi vida

Semblanza del autor escrita por Jonathan Torres[1]

Hay personas que tienen confianza, hablan con claridad, externan una vida exitosa y te hacen creer que saben y aplican lo que están diciendo.

Y luego, hay gente como Adrián Alavés, que entran en la sala e «irradian amor, paz y felicidad» a todos los que los rodean, que parecen como si pudieran sacudir el mundo con una sola palabra. Ellos no intimidan, en cambio, te demuestran que puedes lograr cualquier cosa que te propongas, incluso hasta lo imposible.

Adrián Alavés ha visto muchos milagros durante su carrera como entrenador de la mente, y no es que su intención fuera curar a pacientes con trastornos raros que habían sido declarados incurables por sus médicos, o ayudar a grandes artistas internacionales y millonarios a superar un profundo dolor emocional para la que ninguna cantidad de dinero o fama les había alcanzado, pero, al entrenar su mente, estas personas a quienes ayudó, lograron verse a sí mismos, comprendieron la raíz de su dolor y pudieron sanar. Lo más increíble es que, a partir de este entrenamiento, su vida cambió por completo porque

---

1. Socio director de BeGood, Atelier de Reputación y Storydoing; periodista de negocios, consultor de medios, exdirector editorial de Forbes.

ahora pueden dirigir su mente hacia donde ellos desean, separándose de la culpa, la inseguridad o el enojo que el subconsciente les producía en automático, llevando su mente a generar salud, amor o dinero con toda libertad.

Adrián ha enseñado a miles de personas a entrenar su propia mente para visualizar y modelar su realidad, pero lo más importante es que los ha inspirado a vivir con propósito, a compartir sus dones con los demás e incluso, a elevar ese propósito a la conformación de un negocio y así poner sus *Altos Ideales* al servicio de la humanidad, al igual que él lo hizo.

Desde muy joven, Adrián identificó dos problemas que le preocupaban sobremanera: el primero, el desarrollo humano sustentado en los valores y, el segundo, las operaciones y los procesos de las empresas. Tiempo después, lo anterior se mostraría claramente como su *Alto Ideal*.

Cursó su educación superior en Ciudad Juárez, Chihuahua, un lugar de grandes contrastes en el que conviven, por un lado, empresarios dinámicos y grandes corporaciones y, por el otro, el sufrimiento y los dolores personales, sociales y culturales de una urbe que experimentó un cambio radical en su estilo de vida debido a la llegada de las maquiladoras a raíz del Tratado de Libre Comercio de América del Norte (TLCAN).

Al cursar la licenciatura en Administración de Empresas en el Instituto Tecnológico y de Estudios Superiores de Monterrey Campus Ciudad Juárez (ITESM-CCJ), tuvo la oportunidad de convivir con grandes maestros que además, eran exitosos empresarios. De ellos logró aprender mucho más que información técnica, pues la mayoría eran líderes con grandes valores humanos, preocupados por su contribución social.

Si bien estaba familiarizado con el lado próspero de la ciudad, su interés por enseñar a la niñez lo llevó a conocer a la comunidad que vivía una situación diametralmente opuesta, con problemas que iban, por desgracia, mucho más allá de la pobreza: existía una alarmante falta de educación, de valores, de seguridad, de convivencia y de amor, producto de un entorno social modificado de manera abrupta.

Entonces se enfrentó al cáncer

Y los dos años que pasó combatiendo a la enfermedad lo llevaron a cuestionarse cuál era su propósito en esta vida y qué quería dejarle como legado al mundo. También se enfrentó a una gran lección, pues entendió que la mente juega el papel más importante en el funcionamiento del cuerpo.

Alinear la mente con el cuerpo, hacer consciente lo inconsciente, fue un proceso que, en definitiva, junto con los valientes oncólogos mexicanos que estuvieron a su lado durante el curso de la enfermedad, le ayudó a recuperar la salud. El padecimiento se fue así como vino, e incluso ahora, recuerda ese tiempo como uno increíblemente lleno de alegría y esperanza.

Volvió a las vocaciones de su vida: dar consultoría a las empresas e inculcar valores humanos, sobre todo a los niños, pero también a los adultos. Fue durante sus estudios de maestría en Educación para la Paz en la Universidad Albert Einstein, que tuvo la oportunidad de darle estructura definitiva a estos dos impulsos que ¡siempre habían estado ahí!

Concluyó que las empresas son una total representación de su líder, están en ellas sus debilidades, sus virtudes y su evolución. Y si este logra transmitir sus fortalezas y habilidades para generar algún beneficio a la humanidad o al planeta, su mente eleva su nivel de consciencia y le permite estar frente a su *Alto Ideal*. De esta manera, tanto las empresas como los individuos que las conforman actúan de acuerdo con su propósito más elevado, lo que deriva en extraordinarios resultados en todos los aspectos.

Así fue como empezó todo: el Programa y los Talleres de Neurotransformación (PNT/TNT), el Modelo Octagonal (MO) y el Programa de Evolución Empresarial (PEE). Con sus proyectos, investigaciones y estudios en Neurociencia, fundó **Naturaleza Humana** como la primera aceleradora de líderes, única en su metodología, rápida y efectiva, que le permite entender y transformar positivamente la conducta humana y llevar a las empresas —y a su gente— a un nivel sin precedentes.

Sistematizó su amplio conocimiento y experiencia, mismos que hoy comparte contigo en este libro, para que los hagas tuyos y logres alcanzar tu *Alto Ideal*, alinearte al mismo y que hagas uso de tu fortaleza para impulsar tu propio liderazgo, lo compartas con otras personas, incluso con organizaciones completas y les ayudes a lograr una asombrosa transformación.

Trayectoria profesional

Adrián Alavés conceptualizó y desarrolló los programas y talleres antes mencionados en respuesta a una pregunta vital que se hizo cuando daba batalla a la enfermedad y que asegura deben hacerse tanto las personas como las organizaciones:

¿A qué vine a este mundo?

Fue así como, siendo un profesional de negocios, estrategia empresarial y ventas, un líder de alto compromiso con el desarrollo personal, especialista en el estudio, manejo y cambio actitudinal, que se convirtió, además, en entrenador de la mente, en un apasionado transformador de la conducta humana.

Se tituló de la licenciatura en Administración de Empresas por el Instituto Tecnológico de Estudios Superiores de Monterrey Campus Ciudad Juárez (ITESM-CCJ), es un profesional de la consultoría empresarial que asesora, desde hace más de 25 años, a empresas nacionales y multinacionales en México en aspectos de planeación estratégica, procesos de negocio, mercadotecnia, capacitación organizacional y desarrollo humano, entre otros. Actualmente, desarrolla una de sus más grandes pasiones: impartir conferencias sobre temas como valores y desarrollo humano.

Su vida fue diferente tras haber vivido con cáncer y ganarle la batalla con tan solo 23 años de edad. Su coraje y fortaleza interior le permitieron poner en marcha un obsesivo plan con el objetivo de rescatar los valores humanos, ausentes desde hace tiempo, y que han sido generadores de muchos males que se enfrentan como sociedad: la falta de sensibilidad, de respeto, de honestidad y de justicia entre otros. ¿Cómo lo hizo? «A través de los niños», desarrollando una metodología de promoción de valores que representan la forma buena de actuar, que utilizan el juego y la fantasía como sus principales herramientas didácticas.

Fue así como creó Educación Planeta, S. A. de C.V., empresa dedicada a la mercadotecnia infantil cuyo programa educativo, incluía la participación de animadoras en los restaurantes de una reconocida cadena de comida rápida en la Ciudad de México, Guadalajara y Monterrey, cuya labor se basaría en la promoción de valores a los niños a través del juego, mismo que ofrece infinitas posibilidades no sólo en el ámbito de la diversión, sino en el desarrollo y la transformación de actitudes, por ende, en el mejoramiento de la personalidad de los niños y de la relación que tienen con su familia, con las personas que les rodean, con la naturaleza y con el mundo. ¡Esta iniciativa le valió el Premio «YUM! Brand International», al mejor programa infantil a nivel mundial.

Adrián es maestro en Educación para la Paz por la Universidad Albert Einstein, institución de altos estudios en Ciencias y Humanidades, afiliada a la Organización de las Naciones Unidas para la Educación, la Ciencia y la Cultura (UNESCO), por sus siglas en inglés. Cuenta con una especialidad en Valores Socioculturales del Mundo por Comillas, Universidad Pontificia de Madrid, así como estudios en psicología y pedagogía.

Como socio consultor de la empresa Desarrolladora Organizacional Gestión Humana, S. C., llevó a cabo importantes proyectos con empresas multinacionales además de fungir como miembro del Centro de Investigación en Educación Valoral de la Universidad Albert Einstein, realizando asesorías al área de Desarrollo Humano

Empresarial, destinada al impulso de una nueva visión ética individual y empresarial para el desarrollo integral de las organizaciones, comunidades y el entorno natural.

Es además cocreador de diplomados como «Los nuevos valores para el siglo XXI» y «Prevención del acoso escolar», cocreador y asesor del «Curso de primeros respondientes en la Cruz Roja Mexicana», consultor de proyectos de prevención de la violencia para fundaciones y empresas privadas y organizaciones sin fines de lucro como la Fundación para el Desarrollo del Deporte Escolar (FUDDE), dedicada a la promoción del deporte y la actividad física en la etapa escolar, para el combate de problemas sociales como la violencia, la delincuencia, los problemas de drogadicción y la obesidad infantil; la Fundación en Movimiento, A.C., que ayuda a erradicar el *bullying* y el acoso escolar, y la Universidad Albert Einstein, entre otras.

Hoy, Adrián Alavés conoce y práctica su *Alto Ideal*: ayudar al mayor número de personas y organizaciones a encontrarse a sí mismas, a encontrar su *Alto Ideal* para beneficio propio y el de la humanidad.

Tres pasos para comprometerme

Quisiera contarte acerca de mi historia, de mi experiencia con un cáncer que cambió mi vida y que la impactó de forma positiva. ¡Sí!, ¡no te has equivocado al leer!, me marcó para bien, ya que esos dos años de combate a la enfermedad, me hicieron descubrir mi propósito de vida, el legado que quería dejar al mundo y pude comprender que «sólo necesitaba de mi mente para lograrlo», y que ella, juega el papel más importante en la vida de todo ser humano, así como en el funcionamiento del cuerpo.

Comparto esta historia contigo, con la intención de que este aprendizaje de vida sea valioso para ti, puedas ponerlo en práctica y no tengas problemas similares y situaciones innecesarias en la tuya.

Al darme cuenta de la importancia que tiene nuestra mente en nuestra vida y en nuestro cuerpo, fue como logré encontrar la metodología que logra transformar la mente de forma rápida y contundente sin necesidad de tocar fondo para hacer un cambio verdadero, como me sucedió a mí.

Todo esto empezó dentro una familia conformada por cuatro integrantes, en donde el primogénito —mi hermano—, fue diagnosticado por los médicos, al momento de su nacimiento, con un padecimiento que afectaba uno de sus pies, lo que llevó a mis padres a iniciar un largo camino de cirugías, que de acuerdo a la sugerencia médica, se realizarían año con año, hasta lograr que su pierna tuviera la movilidad necesaria que le permitiera caminar, aunque ello le costara tener el pie enyesado durante los primeros ocho años de su infancia, con todo lo que ello implicaba en atención, ejercicios de rehabilitación, aprender a gatear, a caminar, a correr, etc., como cualquier niño que ves en la escuela o en tu entorno.

Yo soy el segundo hijo y nací año y medio después. Observé del tratamiento de mi hermano, toda la angustia y situaciones complicadas que vivieron mis padres, lo cual no era nada sencillo, sumado a que no era el único hijo, necesitaban atendernos a los dos; crear un ambiente de confianza y seguridad para ambos. Me queda claro que, si de por sí es difícil ser padre, todo el respeto a los míos, a quienes les tocó vivir entre enfermedades y hospitales por tantos años y digo enfermedades en plural, porque se sumó la mía tiempo después, sobre la cual te contaré más adelante.

Sin embargo, hoy puedo compartirte que, con todo lo que aprendí de la conducta humana, esos primeros ocho años me hicieron entender que fueron determinantes para mi vida, ya que, en el transcurso de ese tiempo, se generaron en mí miedos primarios de interpretaciones de supervivencia imaginaria que, de igual forma, se crean en muchas otras personas y que cargamos en nuestras reacciones subconscientes como un lastre, hasta que nos demos cuenta de que podemos cambiarlos.

Así pues, en mi adolescencia, estuve buscando la manera de agradarle a mis padres, ya que, —de acuerdo con mi interpretación—, ellos amaban más a mi hermano que a mí. A mi parecer yo no tenía una debilidad, una razón suficientemente poderosa para que mis padres pudieran fijarse en mis acciones, calificaciones, deportes o malabares, como quizá mi hermano sí la tenía, aunque sin él desearlo por supuesto, pero debido a su enfermedad.

Fue así como me fui a vivir al lugar más lejano que pude encontrar en el mapa de la República mexicana, con la ilusión de que mis padres me detuvieran, me suplicaran e incluso impidieran que me fuera. Pero nada fue como yo lo imaginaba, al contrario, me alentaron para que tomara la decisión y las riendas de mi vida, de mi destino y pienso yo que hasta me vieron como un héroe que se aventura para encontrar y desarrollar sus propios superpoderes, y quizá hicieron bien, ya que, como seres humanos, debemos hacernos cargo de nosotros mismos, aprender a recorrer la vida con nuestra propia capacidad y fortaleza.

Estando en Ciudad Juárez a la edad de 18 años, empezaron a revelarse en mí destrezas que ni yo mismo era consciente que tenía, y estando lejos de mi familia y sin apoyo, las circunstancias me fueron orillando a hacer uso de mis habilidades para ser una persona libre e independiente, responsable de mí mismo.

Sin embargo, mi subconsciente se resistía a lo que, poco a poco encuentro que hoy, me hizo crear una razón suficiente y poderosa para lograr mi propósito inconsciente: «que mis padres vinieran a mí y me cuidaran como lo hicieron con mi hermano cuando niño, como si fuese él, el que se hubiera alejado de casa».

¿Y por qué no? Debido a lo complicado y confuso de mis emociones por lo que experimenté cuando era niño y a todo lo que mi mente había guardado durante tanto tiempo, llegó como consecuencia a mi vida que, a los 21 años, «yo mismo me generara un cáncer testicular» que, por si fuera poco, fue del mismo tipo de cáncer que acabó con la vida de uno de mis primos, lo cual había sucedido hacía unos años atrás y debido a ello, la hermana de mi madre se fue de esta vida por la tristeza que le había ocasionado la muerte de su hijo, lo cual me impactó sobremanera.

Inconscientemente, había creado en mi mente una razón poderosa para que mis padres estuvieran pendientes de mí y me atendieran y, de verdad, esta no fue la mejor forma para resolver mis conflictos emocionales, ¡de ninguna manera!

Una vez metido en el grave conflicto que yo mismo me había generado, las circunstancias me obligaron a buscar una salida para el problema tan grande en el que me había metido a mí, a toda la familia y amigos que apoyaron económica y emocionalmente en todo momento. El tiempo jamás se detiene.

Habiendo ingresado al hospital para comenzar mi tratamiento, tenía libres las 24 horas del día, podía dedicarme a ver el techo si así lo deseaba, o a identificar desde mi cama a cada uno de los médicos que trabajaban en el área de oncología, a quienes veía pasar cada que mi vista se dirigía hacia la puerta e incluso, podía hacer el ejercicio de memorizar sus nombres, lo cual, acostumbrado al ritmo de actividad que tenía era sumamente sencillo.

Jamás imaginé verme en una situación como la que me abrazaba o estar en un sitio como en el que me encontraba, tenía que hacer algo para no sentir la lentitud con la que pasaba el tiempo a mí alrededor (aunque fuera sólo mi percepción). Fue así como empecé a leer todo lo que me era posible sobre filosofía, desarrollo humano, esoterismo y lo que me ayudara a entender dos cosas: ¿para qué vivimos los seres humanos?, y ¿qué sentido tiene vivir?

Crecimos con la enseñanza de que hemos venido a este mundo para nacer, crecer, reproducirnos y morir. Cuando pensaba ello, simplemente me resistía a aceptar que mi existencia quedaría reducida de esa manera a tan sólo 4 palabras, me parecía inútil aceptarlo, era para mí una «no digna descripción» del asombroso ciclo de vida del ser humano.

Las lecturas a las que ya había dado inicio se hicieron aún más profundas y les dediqué aún más tiempo, el necesario para que mi cabeza lograra entender lo que necesitaba, para que los pensamientos de este humano enamorado de su vida se esclarecieran y lo llevaran por el camino a encontrar la respuesta.

Poco tiempo después encontraría la respuesta que me devolvió la esperanza, la razón para vivir, iluminando mi ser y llenándome de energía: «*el ser humano nace, crece, se reproduce, trasciende y muere*». Cuando llegó la palabra *trascendencia* a mi vida comencé la búsqueda de su significado, de sus métodos y, aunque implicaba una temática compleja debido a sus fundamentos, los incorporé a todo lo que me encontraba estudiando. La trascendencia se fundamenta en la teleología, que estudia los propósitos de cada ser vivo; la ontología, que estudia la naturaleza del Ser y su existencia; y la axiología, que profundiza en los valores y su utilidad para el ser humano, todo ello desde la perspectiva de la naturaleza humana.

La búsqueda de la trascendencia implica satisfacer una necesidad que tenemos los seres humanos de querer «dejar un legado» o «dejar huella» para ser seguida por más personas. Sabemos que no somos infinitos biológicamente y que llegará el momento en que dejemos este mundo, sin embargo, y como lo mencioné justo hace unos momentos, buscamos trascender a través de la conciencia.

Fue así como me di cuenta de que las respuestas que buscaba no iba a encontrarlas en las personas, en los lugares ni en los libros, y aunque todo ello era parte importante de mi vida, lo que yo intentaba averiguar se encontraba únicamente en mi interior. Y fue así como descubrí que el poder de la mente era crucial para lograr el proceso para sanar el cáncer que habitaba mi cuerpo y que comenzaba a hacer metástasis en él.

Esas células malignas en mi interior duraron casi dos años, mismos que aproveché para leer y también meditar para sentirme en paz, en total tranquilidad. Y justo ahí me percaté de que todo lo que leía, curiosamente, ya le había sucedido a alguien o se lo había imaginado.

Por lo tanto, al meditar, comencé a jugar con mi mente, ¿cómo? imaginando y creando nuevas realidades, escenarios en los que estaba seguro de que pronto me encontraría viviendo. Encontré un libro de biología que llamó especialmente mi atención porque embonaba perfecto, cual pieza de rompecabezas, para complementar mi aprendizaje, mi crecimiento, los ejercicios de meditación y de la mente que llevaba a cabo todos los días y mi objetivo de sanar. ¿Por qué?, porque el libro contenía fotografías que mostraban a detalle todos los órganos del cuerpo, perfectos, sanos, mismos que me hice a la tarea de memorizar.

Fue así como integré esas esplendorosas imágenes a los juegos de mi mente y mi imaginación, vislumbrando potentes partículas de luz en todos los órganos de mi cuerpo en los que ya tenía metástasis, para transformar su realidad imaginándolos sanos y perfectos, en todo momento iluminados por la fuerza de mi propia mente.

¡Así es como inició mi verdadera transformación! Una sanación que cualquiera pensaría era como un truco de magia, pero puedo compartirte que no hubo ninguna intervención más allá del trabajo de mi propia mente para crear una nueva realidad que todos los días realizaría lo que yo deseaba. Todo esto que comparto contigo es la historia de regeneración de mi cuerpo, historia que se hizo realidad en mi mente por las tantas veces que me la conté de la misma manera. Sin embargo, y lo que te quiero decir con esto, es que seguramente mis padres, mi hermano y quienes estuvieron cerca en esos momentos tan difíciles, la contarían de forma muy diferente, pero no importa, ya que ahora, lo más importante para mí es que tú aprendas a contar tu propia historia, lo que hoy «sí eres» o lo que «hoy sí quieres ser», lo que «hoy eres» y de lo que «serás capaz» de hacer con tu imaginación, con tu mente.

Si estás dispuesto a controlar con tu mente lo que vives continuamente serás otra persona y estarás cambiando tu realidad cada segundo. Es muy simple, todo lo que te rodea está cambiando a cada segundo, quizá no lo percibas de inmediato, pero es así, incluso, todas las personas que están ahora contando sus historias, se encuentran cambiando su realidad todo el tiempo. Así es que, recuerda que tu mente es tu principal herramienta, asegúrate de que te ayude a contar tu historia fuerte y clara para que resuene poderosamente en todo el universo y este, con la misma fuerza, devuelva a ti lo que necesitas, construya la realidad que quieres, sin distracciones, sin interferencias.

Nunca estaremos seguros de que las cosas se logran en el tiempo y la forma en que tú lo deseas, pero lo que sí puedo afirmar es que, lo que tú creas en tu mente, se está construyendo en una realidad que quizá aún no logres entender, pero que muchas de las veces, aparece.

Otra cosa puedo asegurarte, y es que nunca serás la persona que quieres ser, ya que hoy tienes frente a ti a la versión de ti mismo que debes superar el día de mañana, lo que significa que puedes ser mejor; así que mi sugerencia es que nunca dejes de intentarlo, sea lo que sea que la vida tenga preparado para ti, porque verás magníficos resultados. Si me preguntas en este momento cuál fue mi gran aprendizaje, hoy lo puedo resumir en tres grandes pasos:

El primero: intenta ser consciente de tus reacciones, de todo lo que te sabotea, lo que te impulsa, tus motivaciones, tus deseos, de tu etapa de vida, tus defectos, tus fortalezas, amenazas y oportunidades para que puedas crear un estado inicial de tu personalidad; un punto A.

El segundo: una vez que logres identificar lo que quieres cambiar, empieza a cambiarte a ti mismo, no inicies queriendo cambiar tu entorno, tu estilo de vida o a las personas que te rodean, empieza a transformar tu propia personalidad y, por consecuencia, todo tu entorno cambiará con las necesidades y deseos de tu nueva personalidad.

El tercero: crea nuevas historias de ti mismo, visualiza un punto B. Aprende a vivir como el director de tu propia película y genera para ti nuevas historias todos los días, regálate la oportunidad de vivir momentos felices que te ayuden a experimentar tu vida como la deseas. Evita la distorsión o las circunstancias que te llevan a vivir cosas que no deseas o no te gustan, para ello, permite al doble que hay en ti, que sea él quién elimine eso; y recuerda en todo momento que tú, sólo tú, tienes el control de tu propia vida. Tú eres el director de tu propia película, comienza a escribir el guion.

Tú sabes cómo inicia y cómo termina la historia. Así es que, trabaja con tu mente y permite que cada día sea una nueva aventura, la mejor experiencia que te puedas regalar a ti mismo todos los días. Recuerda que, cuando cambias tu mentalidad, aparece tu verdadera esencia; esa que te exigirá la vida que mereces vivir.

Paso 1

DARME EL SÍ CONSCIENTEMENTE

«Mejor morir de una vez que vivir siempre temiendo
por la vida».

—ESOPO

Había pasado un año desde que me detectaron cáncer y los tratamientos indicados de quimioterapia estaban ya haciendo su función dentro de mi cuerpo: eliminando células cancerosas y no cancerosas, tratando de evitar su crecimiento y reproducción. Y así seguía mi vida, entre batas blancas e instrumentos médicos.

Cómo tenía un camino largo por recorrer aún, mis lecturas, mi aprendizaje seguía avanzando y fue en este tiempo, cuando los juegos y meditaciones que había comenzado a realizar, los convertí en algo más profundo, los transformé en **«entrenamientos para mi mente»** y fue gracias a ello, que asombrosamente todo cambió.

Era día de consulta en el hospital, día en que los médicos debían realizar el procedimiento de rutina que se hace a los pacientes con cáncer, una prueba no invasiva llamada «prueba de marcador tumoral» que analiza la presencia de cualquier mutación por cáncer en el ADN en la sangre, para lo cual tomaron una muestra de sangre y, ¿cuál fue su sorpresa tras los resultados del estudio?, ¡no había presencia alguna de marcadores tumorales!, los tumores habían simplemente desaparecido, no daban crédito a ello.

¿Qué significaba eso? ¡Sólo una cosa! Que los entrenamientos que estuve realizando con mi mente, habían dado los resultados que deseaba: ¡curarme de cáncer!, y lo logré en tan sólo tres meses, ¡sí!, ¡en tan sólo tres meses!, estaba asombrado del poder de mi mente y por supuesto demasiado feliz. Los doctores no se explicaban cómo es que el cáncer ya no estaba en mi cuerpo, no tenían una razón probable para justificar cómo es que, de repente todo el panorama había cambiado positivamente, mis órganos estaban libres de enfermedad, se estaban regenerando y mi sistema inmunitario superaba cualquier expectativa.

Sin embargo, y a pesar de los resultados obtenidos, los doctores deseaban operarme, para retirar las metástasis existentes que, de acuerdo a los estudios iniciales, estaban ahí y ponían mi vida en riesgo, pero yo intuía que esas células cancerosas ya se habían quemado y extinguido con la quimioterapia.

Ya no encontraba razón alguna para querer descubrir lo que había pasado, ¿para qué si mi sangre les estaba contando una nueva historia?, ¿para qué querer volver a operar cuando ya no había nada que operar? Los marcadores tumorales mostraban la nula existencia de cáncer, pero estaba en manos de los doctores y debía seguir sus instrucciones. Reafirmaron entonces la decisión de operar, de hacer una incisión a lo largo de mi abdomen para extraer los órganos, limpiarlos y devolverlos a su posición original. La simple idea de imaginar el momento, ¡me aterraba!

Fue así cuando entendí que ese miedo aterrador era el enemigo número uno porque estaba acabando con mi tranquilidad, con mi sueño y originando pensamientos que no deseaba. Me di cuenta de que era un miedo de mi pasado al que en realidad me estaba enfrentando: «el miedo a no ser reconocido por mis padres», ese mismo miedo que me había puesto en esa circunstancia de enfermedad.

Como mi mente había estado llevando a cabo meditaciones, visualizaciones y trabajo de sanación, estaba acostumbrada a «ser entrenada» y podía hacerla llegar hasta donde yo quisiera, tenía el control sobre ella. Tenía el control sobre mi mente.

El día que me llevaron al quirófano, me colocaron en la mesa de cirugía y comenzaron a preparar todo para suministrar la anestesia. Cuando los médicos estaban listos para comenzar a operarme, yo, ayudado por el efecto del medicamento, logré verme a mí mismo desde arriba, acostado y rodeado de luz.

Desde ahí, inicié el entrenamiento con mi mente y comencé a darle instrucciones para que me ayudara a desprenderme de mi cuerpo y poder así observar cómo los médicos estaban haciendo la incisión de mi abdomen. Recuerdo perfecto cómo trabajaban, las pláticas entre ellos y cómo mostraban a otros doctores y practicantes la distribución de mis órganos y cómo es que debían operar para tratarlos. No tenía duda de que mi cuerpo era un objeto de estudio.

Fue en ese momento que me di cuenta de que el que estaba en esa mesa siendo operado era yo, y estaba siendo consumido por un miedo que me estaba matando, pero, por otra parte, el que estaba arriba observando la cirugía, era un ser luminoso que estaba tranquilo, que conocía mi destino y que no tenía miedo. Entonces decidí que yo sería el ser que estaría viendo desde arriba todo lo que le sucedía a mi cuerpo y a mi vida. Yo dirigiría mis acciones y mis resultados a partir de ese momento y, mírame ahora, me encuentro contándote acerca de los momentos por los que pasé y que evidentemente fueron grandiosamente positivos, porque sigo vivo, sano y orgulloso de lo que mi mente me ayudó a lograr en mí mismo.

Con esto quiero decirte que *la forma en que tomamos en cuenta a nuestro cuerpo y el observar cómo se siente, será determinante para que nuestras reacciones inconscientes tomen el control o para que tu consciencia lo haga.* De alguna manera, tus órganos guardan una memoria biológica, familiar o de tu primera infancia; tu cuerpo tiene una historia y algo tiene que decirte cuando tiene miedo.

Existen tres elementos en el subconsciente que te impiden tomar la decisión de transformar tu vida y dar el salto a darte el sí: *Tu herencia biológica, tu herencia familiar y tu infancia.* Te invito a echarte un clavado en el origen de tus reacciones inconscientes, y, a partir de ese momento, serás testigo de tu propia transformación.

TRES ELEMENTOS INCONSCIENTES QUE IMPIDEN DAR EL SÍ

Recuerdo a una persona que quiso entrenar su mente con el Método de Neurotrasformación que desarrollé para compartir con los demás estas habilidades que todos tenemos y que irás conociendo poco a poco al continuar esta lectura. Ella llegó con un problema emocional muy fuerte por que le habían diagnosticado cáncer en un seno. Tenía mucho miedo a morir y dejar a su hija de 11 años huérfana sin el apoyo de su madre. Cuando revisé el diagnóstico de personalidad subconsciente que utilizamos para crear los protocolos del entrenamiento de la mente, me di cuenta de que sus interpretaciones en la infancia estaban muy centradas en la injusticia por lo que le hice las tres preguntas básicas para detectar la raíz del conflicto:

Uno, si había vivido alguna perdida o evento traumático recientemente, dos, si había algún antecedente de un cáncer similar en la familia y tres, si recordaba algún suceso entre los 5 y los 8 años que le hubiera afectado en su vida. Su respuesta inmediata fue que sentía un dolor muy fuerte tras la muerte de su padre, pero que no recordaba nada más, ni en su infancia ni si alguien en la familia había padecido ese mismo cáncer.

Lo que necesitaba entender en su mente era cómo reaccionaba biológicamente su cuerpo ante la pérdida de su ser querido.

En su entrenamiento logró identificar que:

1. Ella interpretó que, al morir su padre, estaba y estaría en «grave peligro» ya que no habría nadie que la defendiera de las injusticias de su madre.
2. Su bisabuela había perdido un hijo en la guerra y, unos cuantos meses después de enterarse de la muerte de su hijo, ella murió de un cáncer repentino.
3. En una de las sesiones del entrenamiento, su mente subconsciente le ayudó a recordar el momento tan injusto y desagradable que vivió al sentirse sola frente a un escenario en una representación del kínder donde su madre no fue y la obligó a

ir. Se sintió injustamente tratada, vulnerable ante muchos adultos que no conocía y porque nadie de su familia estaba en el público, cuando llegó a casa su padre la abrazo y le dijo que él estaría en los siguientes eventos.

Solo eso bastó para que su cuerpo interpretara que estaría en peligro si su padre ya no estaba, conectando su sentido de supervivencia con una reacción hereditaria de su abuela cuando existía una perdida.

Déjame te explico un poco cuáles son estas reacciones inconscientes que guardamos los seres humanos.

1) HERENCIA BIOLÓGICA

Tuve a un chico en sesiones de Neurotransformación cuya madre estaba completamente desesperada porque su hijo no podía separarse de las redes sociales ni de la computadora. En palabras de la mamá, se la pasaba viendo «cosas del diablo» que sólo le provocaban daño y que no le aportaban nada en su vida. Fue entonces que les expliqué a los dos cómo el cerebro nos puede hacer adictos a estímulos que inconscientemente atrapan nuestra atención y estimulan neurotransmisores que a la larga nos llegan a hacer daño.

El cerebro es un órgano que nos ayuda a sobrevivir, es por eso que siempre está alerta a cualquier peligro y nos manda estímulos para reaccionar de forma rápida y concisa en momentos de riesgo, sin embargo, como los seres humanos tenemos imaginación, podemos recrear historias imaginarias que nos hacen adictos a esos estímulos y es difícil quitarnos estas manías, como ver violencia o deportes de impacto; inconscientemente el cerebro nos pone en un estado de alerta aunque en la realidad se trate de un deporte de pelea o de contacto o de acciones intrépidas que al cerebro le encantan, lo mismo pasa con las imágenes con contenido sexi o sexual en cualquier grado o con el chisme, toda historia nos llama la atención.

Cuando el chico y su mamá lograron comprender que era normal que le llamara a él la atención, lo pudieron integrar mejor a su vida y lo pudieron gestionar mejor, ya que lo prohibido se hace más ambicioso provocando mayor adicción.

Existen tres pulsiones, tres impulsos o instintos biológicos para que el ser humano logre preservar su especie. La primera, *el instinto de supervivencia*. La segunda, *el instinto de reproducción* y, la tercera, *el instinto de colaboración*. Sin ellos, la humanidad no hubiera logrado su evolución, ya que han estado presentes y lo seguirán estando como información biológica de su propia especie. Es así que nuestros impulsos se verán sesgados por estos tres instintos, aunque nuestra mente o cultura pretenda lo contrario. Para el organismo humano será indispensable reaccionar ante cualquier circunstancia para la preservación de la especie, sobreviviendo, reproduciéndose y colaborando unos con otros para su existencia.

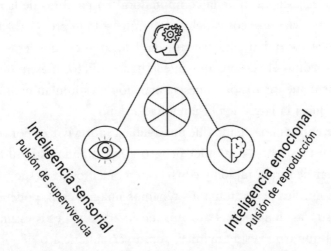

Triada biológica: supervivencia, reproducción y colaboración

Supervivencia

Este joven del ejemplo anterior, no sabía por qué lo atrapaban tanto los videojuegos de guerra y violencia, sin embargo, en una sesión surgió un recuerdo de su infancia donde vio a sus padres peleando mientras él estaba escondido, provocándole una sensación de ansiedad que no sabía de dónde venía. Cuando logró resolver el origen de su ansiedad, dejaron de ser su adicción los videojuegos como por arte de magia.

El instinto de supervivencia es ese clic que activa nuestro estado de alerta, nuestras capacidades, y permite que nos concentremos en la toma de decisiones rápidas frente a situaciones adversas, es uno de los instintos más importantes que el cerebro tiene para reaccionar ante cualquier circunstancia. Lo conforman tres modalidades de salvamento. La primera es la «reacción de la huida», lo que va a hacer tu cerebro automáticamente ante cualquier circunstancia donde interprete que estás en peligro, es huir sin mirar atrás. La segunda, es la «parálisis», la instrucción que va a darse a sí mismo será la de esconderse o hacerse el muertito para salvar tu vida, y la tercera, es el «ataque», el cual considerará cuando vea una oportunidad de tomar acción y salvarse en el momento en que se sienta amenazado.

Sin embargo, el ser humano, por la capacidad de imaginación y razonamiento de las que goza, a estas tres pulsiones que su cerebro activa cuando se presentan situaciones que lo colocan en cualquiera de las modalidades de salvamento que acabo de mencionar, va a tener la capacidad de evolucionarlas, creando nuevos conceptos como por ejemplo, la procrastinación, que le hace postergar o retrasar actividades voluntariamente y de forma deliberada a pesar de poder llevarlas a cabo o simplemente sustituirlas por otras más irrelevantes o agradables a su parecer. Cuando esto sucede, nos estamos refiriendo a la «parálisis mental», esa reacción que tiene nuestro cerebro de querer evitar situaciones que lo comprometan emocionalmente.

Otro ejemplo es el hábito de soltar proyectos, a lo cual llamamos «huida emocional». Esa necesidad de escapar de situaciones estresantes o conflictivas. Otro, el «sarcasmo», esa forma sutil y burlona con la que mostramos desagrado de algo siendo irónicos. Y un último, el «ataque emocional», ese estado temporal de agitación en el que nos vemos desbordados al momento de enfrentar un problema.

El instinto de supervivencia está en nosotros desde que somos concebidos, esa reacción instintiva que enciende el foco rojo, indicador de peligro, se convierte entonces en el encargado de nuestra seguridad, de producirnos miedo cuando estamos frente a cosas, momentos o situaciones que pueden esconder algún peligro con la intención de preservar nuestra vida. Es así como se manifiesta la supervivencia en el ser humano, con reacciones inesperadas de todo tipo.

Reproducción

En la juventud, el instinto de supervivencia hace que exploremos nuestra sexualidad de alguna manera, y aunque para este chico del caso que les mencioné no era un problema la pornografía ya que apenas se estaba despertando su curiosidad sexual, se dio cuenta que, al ser la madre a la que le tocó la carga educativa, existían muchas dudas y confusiones de cómo gestionar sus emociones de amistad, enamoramiento, etc., y me pidió una sesión especial para hablar de todas sus inquietudes. Pude así contribuir en que tuviera una visión más responsable de su propio desarrollo evitando quizá, eventos traumáticos por explorarlo sin orientación.

El segundo instinto que permite la conservación de la especie humana es la capacidad reproductora, indispensable para que el ser humano pueda multiplicarse, uno de los ejes fundamentales que hacen posible su evolución.

Cuando llegamos a la edad adulta, surge en la mayoría de nosotros la necesidad de buscar una pareja con la cual podamos generar una condición de vida estable y tener descendencia, esto movidos simplemente por el instinto de conservación de la especie.

Podemos decir que este instinto nos ha acompañado durante toda la vida, y que no solamente implica la acción de reproducirnos, sino que considera todas aquellas acciones previas y posteriores al acto de reproducción, como es la amistad, el noviazgo, la pareja, la familia, los amigos, las personas que protegen el linaje, las personas que cuidan a la comunidad, etc., todas las relaciones que nos unen impulsadas por el seno familiar.

Por lo tanto, nuestro instinto de evolucionar a través del linaje y la influencia de la pareja, siempre será determinante en la toma de decisiones. Muchos de los errores que cometemos, aciertos que experimentamos o decisiones que tomamos siempre estarán motivados por nuestra pareja. Así que, ahora que ya tienes información al respecto, toma siempre en cuenta este instinto antes de tomar una decisión incorrecta y sea demasiado tarde para poder hacer algo al respecto.

Colaboración

Son muchos los distractores que nos atrapan la atención en nuestro día a día y hoy, las redes sociales están inmersas en una guerra de artimañas para robarla aún más, y es que, el «chisme», se dice fue el detonante que nos ayudó a evolucionar como especie: ver, compartir y viralizar.

El instinto de colaboración es uno de los instintos que ha logrado diferenciar al ser humano del resto de los seres vivos, ya que, gracias a la interacción que lleva a cabo para preservar la especie y, sobre todo, a la comunicación que ha desarrollado, ha podido crear una estructura social verdaderamente compleja, basada en conceptos.

La diferencia con los mamíferos de primera clase, como los orangutanes, por ejemplo, es que ellos llevan a cabo intercambios de objetos, los cuales residen meramente en estos, sin la posibilidad alguna de que puedan asignarles un valor o tener su propia percepción sobre ellos. Y, los que nosotros realizamos son intercambios de tipo subjetivo, ya que asignamos un valor cuando el objeto o situación llama nuestra atención, lo deseamos y nos gusta de acuerdo con los principios y creencias fundamentales que guían nuestro comportamiento ético y moral.

A este valor que asignamos a las cosas, le llamamos «conceptos», y en estos basamos muchos de nuestros intercambios, tales como el dinero, el amor, la lealtad, el nacionalismo, etc., y es a través de la comunicación, que creamos alianzas de más de 120 individuos, hecho que nos diferencia como especie humana. Es por eso mismo, que las familias pueden llegar a ser mucho más grandes. Nuestros clanes, los cuales están conformados por más de 120 individuos, logran su desarrollo para constituirse después como ciudades y países donde las personas se juntan e identifican por conceptos tales como la religión, el dinero, la patria, un equipo de fútbol, cualquier gusto o preferencia compartida. Por lo tanto, la colaboración hace que seamos capaces de formar sistemas complejos para poder ayudarnos más entre nosotros y preservar la especie.

Si nos pusiéramos a competir entre especies, por ejemplo, 100 orangutanes contra 100 individuos, estaríamos frente una batalla con muchas desventajas para el ser humano; sin embargo, cuando la competencia se lleva a cabo entre 200 orangutanes contra 200 humanos, el escenario cambia, comienza a darse la organización y a crearse diferentes tipos de estructuras con jerarquías flexibles, relaciones superficiales de amistad y con un propósito más elevado que ganar la batalla, con conceptos como la libertad, el amor, la paz o la felicidad, todo regido por nuestra imaginación. Ahí es donde la diferencia de especies se ve reflejada. La colaboración ha logrado grandes avances en la humanidad, deseables cuando se tratan de bienestar, pero, también ha sido causante de guerras absurdas entre humanos.

2) HERENCIA FAMILIAR

Dentro del método de Neurotransformación contamos con sesiones dedicadas a resolver lealtades familiares ocultas que se repiten de forma inconsciente a lo largo de la historia familiar.

Recuerdo el caso de una persona que tenía una adicción muy fuerte al alcohol; su hermana, quien lo recomendó al método, me platicó que el motivo de la separación de sus padres fue precisamente el alcoholismo y su madre juró que no le hablaría a su hijo ni de su padre ni de sus abuelos porque no quería que fuera alcohólico, y, aunque eso fue un gran secreto entre la mamá y la hermana, el hermano había caído en ese vicio después de 20 años sin conocer a su padre o abuelos y no se podían explicar porqué repetía patrones. Lo que se oculta en la familia, sobre todo en temas de amor, dinero o salud, generalmente aparece manifestado en las siguientes generaciones en alguna persona de forma inconsciente y se busca que repare esa omisión en el árbol familiar.

La herencia familiar está relacionada con los conceptos que hemos generado a través de la historia de nuestros ancestros; a la relación que tiene con nuestro cuerpo y de cómo la integramos a nuestra naturaleza, le llamamos «salud». A la relación que guardamos de nuestras emociones con la familia o la sociedad, la nombramos «amor». Y, la interacción que tienen nuestros pensamientos y nuestras ideas con la cultura es nuestra «economía», el cómo hacemos de nuestras ideas algo creativo, productivo y valioso para la comunidad de intercambio, para de esa manera sostener nuestra vida.

Amor

Cuando hablamos de amor muchas veces nos vamos a la historia romántica de una pareja y el «vivieron muy felices para siempre», sin embargo, el amor implica muchas cosas que tienen que ver con nuestras relaciones y, la primera que se tendrá que resolver, es la relación con uno mismo, si tú no te soportas a ti cómo quieres que lo hagan los demás.

Una chica llegó a mi consulta unos meses antes de casarse porque decidió resolver sus conflictos internos antes de iniciar su matrimonio y fue el acto de amor más hermoso que yo he podido conocer como regalo de matrimonio. Para ella, no había referencia de una relación en pareja ya que su abuela y su madre habían sido madres solteras y no podía entender de qué se trataba un matrimonio. Por parte de su novio tenía toda la referencia de una familia grande y unida, lo cual ella nunca vivió, sin embargo se dio cuenta de que el amor no era solamente la pareja, entendió que sus amigas serían un círculo de apoyo para cuando tuvieran hijos, que los abuelos serían un referente para la relación y que, en conjunto, existían muchas personas que serían importantes en su vida a partir del matrimonio y que más valía que quitara un enojo que tenía guardado en el subconsciente con los hombres.

El amor es la adaptación que logran nuestras emociones con la persona que tiene una afinidad genética para procrear o formar una familia. Por lo tanto, lo que nosotros conocemos como amor, da inicio como una necesidad biológica de reproducción que se ve influenciada por algo a lo que llamamos enamoramiento, que no es más que el conjunto de reacciones químicas que se producen en nuestro organismo cuando este detecta que la genética de alguien más es compatible, de lo cual se desprende la posibilidad de adaptación en un período que va desde el inicio de una relación y hasta los dos años aproximadamente para, posteriormente, considerar la idea de poder formar una familia.

En el transcurso de esos dos años, los seres humanos vamos construyendo una justificación racional que nos permite evaluar cómo nos sentimos al relacionarnos emocionalmente con esa persona, para estar así en la posibilidad de elegir correctamente y poder tomar la decisión de estar en pareja para acompañar nuestra vida de forma definitiva. A partir de ese momento, al originar un sistema familiar por elección, estamos dando comienzo a lo que se puede llamar «amor maduro». Por lo tanto, se puede resumir que el amor no es más que una selección biológica al principio, y un proceso y decisión mental posterior para vivir en una estructura social, y que ello dependerá, en mucho, de cómo sea la relación que se dé entre mi emoción con la de las demás personas, para que, en conjunto, logremos formar una gran familia.

> *«Emociones sanas crean sociedades sanas,*
> *así como sociedades sanas crean emociones sanas».*

Dinero

Me ha tocado la fortuna de atender a personas multimillonarias, a gente famosa en el mundo de la música, el arte y los negocios y, muchos de ellos, a pesar de su dinero, no son felices, pero también me ha tocado atender a personas que no generan lo suficiente para sostener el estilo de vida que intentan tener y muchos tampoco son felices. Después de tantas sesiones, me he dado cuenta de que el dinero también es un programa subconsciente que tenemos guardado, y que reaccionamos ante él sin darnos cuenta y sólo nos dejamos llevar por la ola de la inercia de la moda o de los tiempos que nos tocó vivir sin hacer mucho ni poco por cambiar la mentalidad con respecto a la fuente del dinero o al concepto de abundancia.

El concepto que tenemos del dinero lo relacionamos con circunstancias externas, como lo es el contexto y la forma en que generamos nuestras fuentes de ingresos a través de un intercambio que genera un beneficio mutuo, la forma en que integramos nuestras habilidades con las necesidades del mundo o los requerimientos económicos de la sociedad en donde vivimos. Por lo tanto, el concepto de dinero es la forma en que nosotros nos acostumbramos o no, a vivir con un ingreso de fuente segura, confiable, escasa, con mucho trabajo o con poco esfuerzo, etc., y juega un rol muy importante en la vida de los seres humanos.

Las personas fuimos educadas para aceptar un intercambio de valor de acuerdo con las habilidades que tenemos. Sin embargo, la variable más importante que debemos considerar cuando del concepto de dinero se trata, es cuando la persona es instruida para poder ser independiente y, posteriormente, con esa independencia tener la capacidad para convertirla en ayuda para otras personas. Es justo en ese momento, en donde se crean trueques virtuosos a los cuales les llamamos economía y, de todo lo anterior, depende nuestra filosofía económica.

¿Cómo fue que aprendimos a generar y a compartir?, ¿a crear riqueza con nuestros propios medios? ¿Te lo has preguntado?

«Pensamientos sanos generan culturas sanas, así como culturas sanas crean pensamientos sanos».

Salud

Una de las personas que me motivó a investigar con mayor intensidad la mente y sus efectos en la salud (no sólo fue mi caso lo que me llevó a crear los protocolos), fue mi madre. Acababan de diagnosticarla con artritis reumatoide degenerativa y yo quise enfocar todas mis investigaciones a revertir eso que le aquejaba ya que, sus manos estaban completamente torcidas y había días en que no se podía ni vestir.

Cuando comencé a entender la emoción subconsciente de la artritis y qué evento lo había detonado empecé a comprender que toda enfermedad es una reacción biológica a un evento que afecta al organismo para adaptarse a una nueva condición. En el caso de mi madre, la noticia de la diabetes de uno de sus nietos provocó tal impotencia en su organismo que se paralizó de alguna forma. Por lo menos eso fue lo que se concluyó en una de sus sesiones, pero lo más maravilloso es que, cuando lo entendió, la artritis disminuyó de forma drástica logrando tener movilidad, sin dolor en sus articulaciones. Existe un mundo desconocido aún en las enfermedades, pero sería ilógico pensar que una enfermedad llega de la nada o desaparece de la nada sin antes haber pasado por un proceso en la mente o en lo emocional. (Más del 85% provienen de conflictos emocionales de acuerdo con la Organización Mundial de la Salud).

A este tema lo considero interesante y también de mucha importancia, ya que involucra aprendizaje acerca de la forma en que nuestros antepasados vivían, padecían enfermedades y morían, todo este conocimiento nos permite el acceso a información relevante para comprender la realidad que vivimos hoy basados en la evolución de las enfermedades que nos afectan en este presente como especie humana

Entonces, de acuerdo con el contexto de vida que tuvieron nuestros antepasados, la región donde se desarrollaron, sus hábitos o costumbres, podemos hablar de la relación que implica esa geografía con la manera en que se adaptaron a las condiciones. Aunado a ello, factores del medio ambiente como son la alimentación, el estilo de vida, el comportamiento, la angustia y otros, interfirieron o afectaron (o no), a nuestros antecesores y, de manera indirecta, a sus descendientes.

Así ha sucedido a lo largo de la historia de los seres humanos que han habitado en diferentes lugares del mundo, incluso a los que vivimos en él en este momento presente. A esta relación geografía-adaptación, le llamamos salud. ¿Por qué? Te explico a continuación acerca de la relación que los une.

Todas las células de nuestro cuerpo guardan una asombrosa historia genética, la cual les permite adaptarse al medio en el que se encuentran, que es el organismo. A esa capacidad de adaptación, se le ha nombrado epigenética, la cual se va heredando de generación en generación. Las condiciones ambientales, aunado a las experiencias vividas de los bisabuelos, abuelos y padres, tienen incidencia en el código genético de los hijos y otros descendientes. El estilo de vida que llevaron nuestros ancestros juega entonces un papel fundamental y de extraordinaria importancia en la salud de los hijos, nietos y posteriores generaciones.

Por mencionarte un ejemplo: si nuestra forma de vida se desarrolla en un contexto de escasez, nuestro organismo estará acostumbrado a vivir en un contexto en donde siempre haga falta algo, en donde, con lo mínimo indispensable que tengamos para sobrevivir, lo consideraremos como algo que está y estará bien. Sin embargo, y por el lado contrario, si vivimos en un contexto de abundancia, nuestro organismo se va acostumbrando, poco a poco, a ese nivel.

Dicho lo anterior, quiero hacerte ver que, los mensajes que le envíes a tu cuerpo son los que le van a permitir adaptarse a su medio. Para darte un ejemplo, pondré el caso de un director de orquesta que dirige a sus músicos con el objetivo de interpretar una melodía. Cuando comienza a hacer movimientos con la batuta, los integrantes de la orquesta deben de conocer el significado de cada uno de ellos y saberlos interpretar, ya que esto influirá directamente en el sonido que emita cada uno de los instrumentos y en cómo sonará la música cuando se esté interpretando.

Llevando el ejemplo a nuestro cuerpo, esos movimientos conformarían las instrucciones o mensajes que estamos enviando a nuestras células, mismas que registrarán y procesarán al llevar a cabo su adaptación al medio, valorando la influencia del ambiente sobre las células para ajustar la manera en que deben de exteriorizarse, que será la forma en que se ve reflejado en nuestra «salud».

Pero, esas adaptaciones, como en el caso de la alimentación, también pueden darse en cualquier circunstancia considerada como de peligro o de acecho. Por lo que, nuestro cuerpo, generará y mandará un mensaje a las células que quizá no entiendan en la actualidad y, por ende, necesitarán adecuarse de nuevo.

A esas adaptaciones, les llamamos «enfermedades». Sin embargo, nuestro cuerpo las considera como sistemas para la supervivencia o para el restablecimiento de cualquier órgano que necesita ser sanado. El cuerpo sin duda es asombroso y funciona como una máquina perfecta.

«Una naturaleza sana genera un cuerpo sano, y un cuerpo
sano va a crear —sin duda— una naturaleza sana».

«La historia que vivas, será el relato de tu transformación».
—Anónimo

3) INFANCIA

En las sesiones que realizamos con nuestros entrenados, la mayoría me comenta que ya no se acordaba de 'ese suceso de la infancia' que surgió en la sesión, y, sin embargo, 'ese pequeño detalle' fue lo que afectó su vida y le generó esa herida que tanto quiere evitar tocar o que la toquen los demás porque se convierte en el tema de su vida.

El desarrollo emocional, social y físico de un niño, siempre tendrá un impacto directo en su desarrollo cerebral, en su salud, en su felicidad y en el adulto en el que llegará a convertirse.

En la infancia se da la formación de estructuras cerebrales base de nuestra personalidad, y serán con las que lograremos interpretar nuestra vida adulta de manera «*sensorial*», cuando tienen conexión directa con el sistema nervioso central; de forma «*emocional*», cuando están relacionadas directamente con el sistema límbico, hormonas y química de nuestro cuerpo y, «racional», al estar involucradas con la energía que generan nuestras neuronas en la neocorteza cerebral para generar nuestros pensamientos.

ESPIRITUAL		MATERIAL	
Interno	**Externo**	**Interno**	**Externo**
Soy intuición	Soy la naturaleza	Yo físico 0 - 2	Yo en la naturaleza 2 - 3
Soy amor	Soy la sociedad	Yo emocional 3 - 4	Yo en la sociedad 4 - 5
Soy sabiduría	Soy la cultura	Yo cultural 5 - 6	Yo en la cultura 6 - 8

Somos seres espirituales viviendo una experiencia material.
Recuperado de Pierre de Teilhard de Chardin.

Interpretación sensorial

En una sesión, un hombre recordó o estaba observando el día de su nacimiento, fue tan difícil ese día para él porque le costó mucho trabajo nacer, las horas de parto fueron muy cansadas, su nacimiento fue prematuro y fue muy peligroso, ya que los pulmones aún no estaban maduros por lo que tuvieron que separarlo rápidamente de su madre y lo metieron a una incubadora, sin embargo, en su recuerdo, él se percibía con mucho miedo, encerrado en unas paredes de cristal, con mucho frío y sintiendo que podía respirar muy poco; en ese momento, en su ejercicio, le pedimos a su verdadera esencia que lo abrazara y le diera calor en sus brazos, que lo llevara con mamá y le dijera: «Me dio mucho miedo estar solo en ese aparato mamá, pensé que no tendría a nadie para sobrevivir, pero ahora todo está bien mamá, te presento a mi verdadera esencia, ella se hace cargo de mí, ahora todo está bien mamá, sólo quería que lo supieras». Cuando regresamos del ejercicio adquirió una fuerza interior que nunca había experimentado resolviendo muchos problemas de autoestima que le habían afectado en su vida y, a partir de ese momento, aprendió a decir NO, a poner límites y a decidir por su propia vida. Realmente su transformación fue impactante.

Es justo en el útero materno, el lugar en que se genera la primera interpretación sensorial, en donde surge uno de los miedos más importantes que tenemos como mamíferos, que es el «ser reconocido por nuestra madre». ¿Por qué? Para el ser que se está formando y que en pocos meses se encontrará en los brazos de su mamá, es importante saber que va a poder sobrevivir gracias a su apoyo, a sus cuidados, a su protección. Si existiera alguna alteración en esta etapa de la vida, los sistemas de alerta de todos sus sentidos se activarán de inmediato y empezarán a actuar indudablemente, para asegurar su supervivencia.

Cuando el bebé nace y es colocado sobre el pecho de su madre, automáticamente percibe que se encuentra en un lugar en donde puede sentirse a salvo, esa sensación de calor, las caricias y las palabras de su madre, le comunican y confirman su percepción. Cuando siente el maternaje en las primeras cuatro horas de su existencia, crea una sensación de tranquilidad porque sabe que hay alguien a su lado, que existe un ser que puede amarlo, protegerlo, alimentarlo y hacerlo sentir tan seguro como en el lugar en donde se desarrolló.

Posteriormente, cuando el bebé tiene alrededor de un año y medio de edad, comienzan a activarse en su cerebro una cantidad mayor de neuronas, a desarrollarse miles de caminos neuronales que le permiten entender los diferentes sentidos que tiene su cuerpo, con los cuales asimila la energía que se encuentra a su alrededor. En este momento es cuando comienza a identificar colores, aromas y texturas, y a hacer interpretaciones, mismas que le permitirán entender el mundo que le rodea.

Por lo tanto, una interpretación sensorial tiene que ver con la energía del mundo exterior y se forma alrededor de los 0 a los 2 años.

Interpretación emocional

Este caso fue uno de los más bonitos que me ha tocado resolver ya que involucraba a una abuela que quería transformar su vida porque no la estaba disfrutando. Peleaba mucho con sus hijas porque le dejaban a sus nietos y, aunque ella los quería mucho, no le parecía ni justo ni agradable que se los aventaran siempre que las hijas querían salir de fiesta y eso era muy seguido.

Pues resulta que, en sus sesiones, logró recordar que ella fue abandonada por su madre desde muy pequeña porque no se podía hacer responsable de ella por haber sido madre soltera a muy temprana edad y así, fue criada por sus abuelos desde siempre. El abandono de su madre le dolió mucho y no pudo disfrutar del amor de su abuela hasta que se dio cuenta que su abuela fue la persona más amorosa del mundo, pero ella sólo quería el amor de su mamá, pero eso fue ya demasiado tarde, ya que el cáncer consumió la vida de su abuela dejando un vacío aún más profundo que el que dejó su madre. En esa sesión se dio cuenta que ella amaba a sus nietos y que lo que sentía por sus hijas era una simple proyección de lo que hizo su madre con ella; cuando se dio cuenta de eso pudo revertir su conducta disfrutando el poco o mucho tiempo que le quedaba con sus hijas y con sus nietos que tanto quería. A la fecha, de repente me habla para agradecerme lo feliz que es ahora con toda la familia.

Mientras continuamos en el camino de nuestra evolución, el cerebro límbico es el encargado de estructurar los caminos o madurar los sistemas emocionales, los cuales, tienen que ver con la química responsable encargada de guardar una memoria que nos ayude a identificar lo que le gusta y lo que no es de su agrado. Por lo tanto, la interpretación emocional, es lo que nos ayuda a tomar la decisión de alejarnos del dolor o acercarnos al placer; esos recuerdos o memorias son capaces de generar una química especial que nos permitirá actuar en consecuencia con esos recuerdos.

Cuando el cerebro aprende a comunicarse verbalmente, en la primera interpretación emocional que aparece, el individuo siente la necesidad de ser apoyado porque gracias a ello, puede expresar sus necesidades al interactuar con otras personas. Si esto no se presenta, empieza a generarse una gran sensación de ansiedad o de pérdida por la falta de compañía, por tanto, esta es una interpretación en la cual necesitas mucha contención, comunicación y apoyo para entender que no estás solo.

La segunda interpretación sucede cuando te encuentras conviviendo con más personas: hermanos, amigos, primos, etc., y lo que te interesa es que esa forma de interacción sea agradable y no te haga sentir agredido o humillado de ninguna manera por alguno de ellos. Necesitas, por tanto, interpretar que eres bien aceptado en tu entorno y en tu sociedad.

Interpretación racional

Me ha tocado ayudar a resolver muchos conflictos con esta interpretación, ya sea por injusticia o traición, pero el común denominador de todas estas personas es el enojo que sintieron por un mínimo detalle en su infancia con diferentes tipos de profundidades, y que, por la falta de empatía de alguno de los padres provoca esta interpretación que genera, muchas veces, que no puedan disfrutar libremente su vida. Como le pasó a una señora que seguía enojada con su padre, aunque este ya había muerto hacía más de dos décadas y esto, le impedía tener una buena relación con la autoridad e incluso con sus parejas. Cuando ella comprende la raíz del enojo en sus sesiones, bajó la guardia y entendió que la vida no era un reto que tenía que enfrentar, sino una vida que debía disfrutar aceptando el amor y aceptando a las personas con las que convivía a su alrededor.

El tiempo no se detiene, por tanto, la evolución sigue su curso y es ahora el turno del neocórtex o neocorteza cerebral, esa fina capa de neuronas que cubre la superficie y elevaciones en forma de pliegues del cerebro, quien comienza a realizar su función: «madurar los elementos más complejos del razonamiento». Por lo tanto, es en esta etapa de vida en la cual comienzas a identificar tu género y, sobre todo, a entender una identidad del «yo» y lo «mío». Empiezas también a realizar comparaciones y a crear juicios de valor, es decir, a distinguir lo que está bien de lo que está mal por los actos que realizan tus padres y las personas que conforman tu entorno.

Este es el momento en que todas tus preguntas de niño alrededor de los 6 años van dirigidas a querer conocer el porqué de las cosas, haciendo la pregunta: *¿y por qué?*, ya que la respuesta te generará la capacidad de poder crear un juicio, principalmente sobre tus protectores, porque necesitas crear un «deber ser», «una forma», «una norma» o «una estructura ordenada», para entender la diferencia entre lo correcto o lo incorrecto.

La segunda interpretación, que sucede más adelante, tiene lugar cuando creas una expectativa de quienes te cuidan, por todo lo que has tenido oportunidad de comparar a tu alrededor y porque surge en ti la necesidad de definir qué es lo que deseas en la vida y hacer comparaciones con un entorno que involucre una cantidad mayor de personas

RESUMIENDO:

Nuestra interpretación subconsciente es, en sí, la primera interpretación que hicimos y está relacionada con nuestra historia biológica, es decir, esta historia que viene desde los inicios de la humanidad en donde necesitábamos del instinto de supervivencia, de reproducción y de colaboración de los que te he contado anteriormente. Asimismo, tiene relación directa con nuestros ancestros, con el modo de vida que tuvieron a través de su historia familiar por su paso por todas las situaciones de guerras ideológicas y de territorio. Estas sensaciones y sentimientos que guardaron durante toda su historia, les ayudaron a crear conceptos o filosofías para relacionarse con la naturaleza, la sociedad y la cultura, dándole una tendencia de salud a la relación que tenían con la naturaleza, que básicamente es cómo se adaptó el organismo ante nuevas circunstancias.

La segunda interpretación es la adaptación de nuestras emociones con la sociedad, es decir, con las relaciones humanas y de pareja, a lo cual le denominamos amor.

Y la tercera, es la relación que tienen los pensamientos con la cultura, la habilidad para producir o generar valor a través del intercambio de bienes, a lo cual llamamos economía.

Con base en la filosofía con la que fuimos educados, las condiciones sobre distintos aspectos que vivieron nuestros ancestros y la información genética que guardaron esos recuerdos en sus genes, se crea en nuestro cerebro, una memoria subconsciente transgeneracional que llevamos cargando desde hace tiempo sin darnos cuenta.

Ahora, ya tienes información y conocimiento de que las vivencias de tus antepasados determinan tus propias circunstancias y respuestas biológicas, ese inconsciente familiar, memoria ancestral o comportamiento heredado, es en donde está la clave y el origen de lo que se produce en ti hoy en el presente que vives. Ahora sabes que, sin duda, puede afectarte lo que han vivido tus familiares de generaciones lejanas, aunque no las hayas conocido, por lo que es importante que sepas sobre sus historias de vida para descubrir acerca del origen de tus propias circunstancias para que posteriormente puedas trabajar con ello.

Por último, recuerda que la interpretación que hacemos en nuestra infancia se debe a experiencias que tuvimos en los primeros 7 años de vida. Las *interpretaciones sensoriales* son las que están relacionadas a la integración con la naturaleza y con nuestra salud en los primeros 2 años, edad en la que reconocemos las características de nuestro entorno, para crearnos una representación de este que nos genere la capacidad de hacer valoraciones de forma rápida para detectar peligro o situaciones que requieran de nuestra atención.

Las *interpretaciones emocionales,* los recuerdos y emociones para con la sociedad que se presentan de los 3 a los 5 años, que tienen su origen debido al resultado de la actividad del cerebro límbico y sus procesos químicos; y, de los 5 a los 7 años, las *interpretaciones racionales,* debido a las cuales, vamos desarrollando la capacidad de crear juicios cuando continuamente comparamos a nuestros padres con otras personas con respecto de cómo era su trato con nosotros, así como las expectativas que creamos por lo que deseamos vivir.

Todo esto, sin duda y conforme va pasando el tiempo, va permitiendo que desarrollemos una personalidad que, sin darnos cuenta, se consolida por primera vez alrededor de los 7 u 8 años, misma que definirá nuestro comportamiento a lo largo de nuestra vida. El 95% de las decisiones que tomemos, estarán influenciadas por estas interpretaciones, que se encuentran por naturaleza en la información que guarda nuestro inconsciente, en donde no tuvimos oportunidad de filtrarla para decidir si la necesitábamos o no, si la deseábamos o no, y sin más, simplemente se guardó ahí sin nuestro consentimiento.

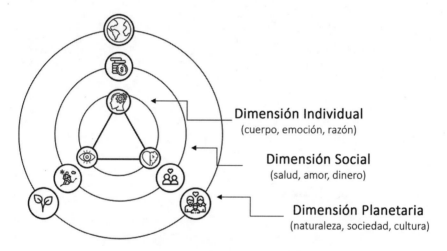

Dimensión Individual
(cuerpo, emoción, razón)

Dimensión Social
(salud, amor, dinero)

Dimensión Planetaria
(naturaleza, sociedad, cultura)

Las tres dimensiones de la conducta humana:
individual, social y planetaria

Paso 2

CÓMO DARME EL SÍ

«Me interesa el futuro porque es el sitio
donde voy a pasar el resto de mi vida».

—WOODY ALLEN

Había pasado ya toda la tormenta del cáncer y técnicamente, sólo tenía que asistir al hospital cada determinado tiempo a hacerme revisiones de rutina para monitorear mi cuerpo y confirmar en cada cita, que no existía más actividad tumoral. Había librado una lucha contra la enfermedad, y estaba verdaderamente feliz, pero, apenas estaba comenzando la historia.

Te platiqué que me fui a Cd. Juárez a los 18 años para ponerme a prueba, y dejar atrás los sentimientos que habitaban en mí con respecto de la situación y convivencia en casa. Trabajé para abrirme camino profesionalmente y adquirir valiosa experiencia, me involucré con personas que me ayudaron mucho en mi crecimiento personal, además, pude organizarme para estudiar y trabajar al mismo tiempo y con ello poder solventarme en ese momento. Posteriormente, mi vida comenzó a mejorar y a traerme cosas positivas que me hacían sentir muy contento y en abundancia, logré poner un pequeño negocio dentro del campus lo que me dio la oportunidad de ser libre económicamente y dedicarme a lo que más me gustaba en la vida, que era ayudar a las personas. Mi felicidad era grande, ya que todo fluía maravillosamente en lo personal, en lo económico y en mi vida sentimental.

Tuve la oportunidad de fungir como presidente de la sociedad de alumnos del ITESM, me involucré en programas sociales importantes para la ciudad y de gran impacto para la sociedad. Tenía un programa de radio dedicado a los niños, mediante el cual compartía la enseñanza de valores y ecología de forma divertida, teníamos presencia en medios de comunicación con espacios valiosos en periódicos y televisión, el programa, por cierto, era todo un éxito.

Estaba a punto de terminar mi carrera, me sentía muy afortunado y feliz, porque algunas empresas comenzaron a contactarme para ofrecerme posiciones laborales importantes dentro de ellas, lo cual significaba una enorme oportunidad de crecimiento personal y profesional, me hacía sentir absolutamente feliz. En fin, estaba, a los 21 años, en la etapa más exitosa que pudiera imaginar. Fue en ese momento cuando la enfermedad tocó a mi puerta y, con mucha tristeza, tuve que dejar todo lo que había logrado, todo lo que me hacía sentir pleno y satisfecho, detenerme de golpe de un día para otro, darme cuenta de que algo grave estaba sucediendo, algo que cambiaría mi vida enormemente, lo que me hizo caer en un estado de ánimo que ni yo mismo podía describir. Me encontraba en la cama de un hospital rodeado de médicos, de estudios y de todo lo que ello implicaba.

Creía que sólo había puesto una pausa en mi vida y que todo seguiría igual al volver a presionar el botón de «reproducir», como se hace en un aparato que te permite escuchar música, pero la realidad, es que no existe la posibilidad de detener el tiempo, la vida simplemente sigue y todo continúa su marcha, no te espera y las oportunidades se van de la misma manera como llegaron.

Y justo como el tiempo no se detiene, pasé por todo el proceso que ya compartí contigo, combatiendo la enfermedad hasta el momento de la noticia de que el cáncer había desaparecido.

Posterior a mi alta del hospital, regresé a Cd. Juárez a terminar mi carrera, me quería comer la vida a puños, recuperar el tiempo perdido, pero mi nueva realidad era que ya no tenía negocio, mis amigos ya habían terminado sus estudios, ya no había ofertas de trabajo y todo era diferente.

Me enfrenté a un nuevo escenario, pero continué con todo el ánimo que necesitaba darme a mí mismo. Seguí estudiando hasta que terminé mi carrera, pero ya nada era igual, así es que, puse fin a mi relación de pareja, dejé todo lo que me ataba a mi pasado y emprendí el viaje de vuelta a la Ciudad de México, a casa de mis padres, con una profunda depresión, derrotado en amor, sin dinero y con las palabras de los médicos grabadas en mi memoria acerca de que, como consecuencia de los tratamientos que recibí para salvar mi vida, no me sería posible tener hijos. Sumado todo ello a otros sentimientos que habitaban mi corazón, no me sentía en lo absoluto motivado y, sin embargo, sabía que tenía que seguir.

Tenía que corregir el rumbo, pero no conocía el camino hacia algo nuevo y mejor, hacia algo que me devolviera la felicidad que ya había experimentado. No fue sino hasta poco tiempo después que me reencontré conmigo mismo y logré mejorar mi estado de ánimo. Recibí la invitación de un amigo para dirigir un grupo de *boy scouts* conformado por niños de entre 5 y 7 años, esto me regresó a la vida, y me hizo sentir que aún me faltaba mucho camino por recorrer, mucha felicidad por sentir y mucha gente a quien ayudar.

Tiempo después, la vida me abrió las puertas para desarrollar un proyecto cuyo objetivo era la enseñanza de valores y de ecología en Kentucky Fried Chicken (KFC), empresa multinacional de comida rápida especializada en la venta de pollo, conocida en todo el mundo. ¡Dos de mis pasiones habitaban mi vida nuevamente! Mi esfuerzo iba dirigido a generar convivencia con los niños a través de animadoras y juegos en los restaurantes de la cadena para enseñarles, a través de la diversión, valores tales como: unión familiar, amor, paz, bondad, empatía, gratitud, humildad, perdón, responsabilidad, solidaridad, respeto por la vida animal y la naturaleza, entre otros valores que elevan la vida humana a su máxima expresión, a su más alta capacidad y a la creación de un mundo mejor.

El proyecto fue tan exitoso que se amplió a toda la República mexicana. Fue en ese mismo tiempo que inicié la maestría en Educación para la paz en la Universidad Albert Einstein, en donde cada materia y cada autor estudiado, le daba sentido a todas las lecturas que había hecho mientras estuve en el hospital.

Durante mis estudios de posgrado, continué desarrollando un número importante de investigaciones para lograr entender el camino del desarrollo humano. En este capítulo quiero mostrarte cómo transitarlo y resaltar la importancia de que lo conozcas. Así que, permíteme platicarte lo que descubrí en mis investigaciones sobre el desarrollo humano.

Cada uno de nosotros, como individuos, tenemos un camino de vida por recorrer; algunos apenas comienzan a descubrirlo, otros llevan ya tiempo en él y otros van ya adelantados. Conforme vamos madurando, vamos también fluyendo entre distintas etapas de vida, las cuales están divididas en 6 grandes bloques conformados por períodos de 14 años, mismos que se dividen a su vez, en dos partes: una de interpretación individual y otra colectiva. Es decir, en los primeros 7 años surge la interpretación individual, y en los segundos 7, la interpretación colectiva, y así en todas las etapas posteriores.

Comenzaré a describirte el camino de las maravillosas etapas de vida que conforman el desarrollo humano. La primera etapa es la de «hacer amigos», es el tiempo en donde se integra el cuerpo con la naturaleza. La segunda etapa es la de «tener pareja», misma en donde se integran las emociones con la sociedad. La tercera etapa es la de «la profesión», donde se integran nuestros pensamientos con la cultura y se presenta como un parteaguas en donde se conforma esta primera etapa material y objetiva en la que influyen nuestras motivaciones de «tener». En la cuarta etapa, surgen necesidades más espirituales en donde la motivación es más tendiente a la «colaboración» y «ayuda». Surgen los «nuevos proyectos» en donde se integra la intuición con la trascendencia. La quinta etapa, a la cual se denomina de «altruismo» es en donde se unen el apoyo con el amor, la ayuda a los demás, la filantropía o ayuda desinteresada y, por último, se alcanza la sexta etapa, la de «mentoría» donde se fusiona la sabiduría con la necesidad de dejar un legado al mundo.

Muy interesante ¿verdad?, así, en esta breve descripción, te dejo ver cómo es que se va creando un entorno que nos permite recorrer un camino que nos lleva a desarrollar nuestro máximo potencial y lograr una vida productiva, abundante y de acuerdo con lo que deseamos tener en ella.

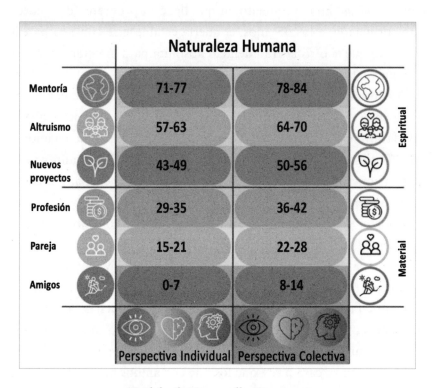

Modelo de Desarrollo Humano

QUÉ TENGO QUE ACEPTAR DE MÍ

Llegó un cliente muy frustrado por que no encontraba la pareja de su vida y ya había tenido varios intentos. Tenía 48 años y se quejaba de que no había compromiso en las personas con las que salía y que ya había probado técnicamente con gente de veintitantos hasta sesenta años y simplemente todas huían de él al poco tiempo de tener una relación seria.

Resulta ser que cuando revisé su diagnóstico esta persona tenía una configuración controladora, ya que había vivido infidelidades en su infancia por parte de su padre y el ambiente en su hogar era algo hostil, por lo tanto, su primer matrimonio había tronado debido a que se repitió la historia y su exmujer decidió separarse cuando él tenía 35 años. En el momento en que llegó al programa de Neurotransformación, a los 48 años, él quería establecerse con una pareja dócil y lo que él ofrecía era fidelidad absoluta para intentar tener una vida más relajada y en paz.

Ya en sesiones, cuando logró descubrir que su etapa de vida estaba ya en la necesidad de trascender y generar nuevos negocios que le brindaran más sentido a su vida y que la etapa de pareja, enamoramiento, fiestas y conquistas había terminado, empezó a alinear sus motivaciones internas con lo que su etapa de vida le exigía, y se enfocó en poner un negocio que le ayudara a la gente a resolver problemas que él ya dominaba por su experiencia. Eso lo motivó mucho para seguir adelante, tanto, que se olvidó de las conquistas y empezó a ser feliz, a disfrutar de lo que hacía con sus hijos y de todo lo que había construido. Empezó a ser tan feliz que pudo tener una mejor relación con su exesposa, con sus padres, y con muchas nuevas personas de su trabajo. En ese momento, también conoció a una de sus clientes y, sin más expectativas decidieron iniciar una relación y vivir cada quién en su casa hasta que los hijos de ambos pudieran afianzar su independencia.

Él logró comprender que su mente estaba viviendo una etapa biológica que no le correspondía y que su cerebro necesitaba otra cosa que él no le estaba dando. Su cerebro no podía quedar estancado en los pensamientos de una ilusión que no pudo resolver de su infancia, donde continuamente reaccionaba impulsivamente con agresión sin poderse controlar con todas sus relaciones. Pero cuando sanó sus heridas todo se alineó, se enfocó en su etapa de vida, bajaron sus impulsos y decidió crear una nueva historia completamente distinta a lo que tenía concebido como relación de pareja.

Para darse el sí, tenía que entender con claridad quién era esa persona con la que se estaba comprometiendo «su yo consciente» y para esto tenía que ubicar las 3 coordenadas básicas del ser humano:

a. La etapa de vida en la que te encuentras.
b. Qué reacciones impulsivas surgen sin control y las cuales te sabotean.
c. Cuáles son los miedos primarios que se crearon en tu infancia y que quieres resolver erróneamente con tu pareja o inconscientemente con tus hijos.

A) LA ETAPA DE VIDA EN LA QUE ESTOY

Amigos
Muchas mujeres llegan a consultarme sobre sus hijos; me preguntan si puedo atenderlos porque hacen muchos berrinches, porque están enojados o tristes, porque están separadas y el niño está sufriendo, etcétera. Sin embargo, siempre les digo lo mismo: *Primero tienes que tomar sesiones tú y después ya veremos lo de tu hijo.* Cuando la mamá resuelve lo suyo, el niño cambia radicalmente su actitud y comportamiento.

Como te mencioné, de los 7 a los 14 años estamos en un momento maravilloso en donde integramos nuestro cuerpo con la naturaleza, vivimos la experiencia de esa conexión única en la reincorporación al origen del cual provenimos, —de ese lugar asombroso y natural como lo es el útero materno, a ese estar y ser parte del entorno que nos rodea y nos permite la vida—. También es el tiempo de hacer amigos; en la interacción con ellos aumenta nuestra autoestima, el compañerismo, la empatía y se nos permite aprender de ello. Es importante considerar que, entre mejor nos integremos con todos los reinos, mineral, vegetal, animal y humano, mejor será nuestra salud física, emocional y mental.

Recuerda que todas las etapas que mencionaré a continuación cubren 14 años y se dividen en dos bloques de 7 años cada uno, esto para darte una idea clara de cómo están conformadas cada una de ellas.

Continuando con la etapa de hacer amigos, la primera: se refiere a tus primeros 7 años de vida, en donde todo gira alrededor de ti mismo como niño, es también, el tiempo en el que adoptas tus primeras posturas y perspectivas de la vida. La segunda: involucra todo lo que aprendiste en el modelo del desarrollo humano que te mostré en la ilustración, quieres tener referencia de lo que vives, para poder comparar con las referencias que tienes de lo que ves en tus amiguitos, por consiguiente, estás en un continuo esfuerzo por integrar tus valores con otros grupos sociales que aprecian otras cosas a las que no estás acostumbrado, eligiendo así, amigos cercanos a todos aquellos que comparten ciertos valores y con quienes la convivencia será un apoyo de autoconocimiento y autoestima. Te puedo sugerir que procures desarrollar hábitos sanos de vida, como lo es un descanso reparador, una buena alimentación, el aseo adecuado y, por supuesto, una constante actividad física. En esta etapa también es necesario desarrollar los hábitos de la consciencia superior más importantes para tu vida, como la disciplina, la voluntad y la persistencia, mismas que traerán grandes beneficios para ti.

Pareja

Una vez, asistió a entrenamiento una joven que estaba muy frustrada con sus relaciones amorosas porque siempre se conseguía el mismo patrón de hombre controlador que terminaba engañándola en algún momento, hasta que comprendió que estaba repitiendo el patrón de su abuelo y de su padre que no había podido superar a pesar de años de terapia. Cuando vivió la segunda sesión se dio cuenta del error, pero cuando vivió la sesión transgeneracional y entendió el origen con su abuelo paterno, lo resolvió de por vida encontrando el amor dos meses después de sus sesiones.

La etapa de pareja es la que se vive entre los 14 y los 28 años. En los primeros 7, logramos identificar nuestras emociones en relación con lo que sentimos internamente y, de cierta manera, esto nos ayuda a reconocer lo que necesitamos para satisfacer, en nuestra mente, aquellos deseos o carencias que vivimos en el pasado de manera inconsciente con nuestros padres y que aún, hoy día, quisiéramos recibir de otras personas. En los segundos 7 años de esta etapa, esto es, de los 21 a los 28 años, nuestra condición humana comienza a generar el deseo y la necesidad de integrar una familia. Está más relacionada con un impulso hormonal inconsciente, donde la compatibilidad de los genes es viable para llevar a cabo la pulsión de la reproducción. Es en este momento, en donde comenzamos el entrenamiento para llevar a cabo la elección de una pareja como una «decisión consciente», con el objetivo común de formar una sociedad a largo plazo, en la cual, tanto nuestra historia previa como el momento actual, influirán en la decisión. La importancia de esta etapa radica en que logres consolidar el núcleo de tu familia, debido a que es ahí en donde crearás retos importantes, generarás motivaciones y proyectos conjuntamente con el crecimiento de la familia ya que el cerebro está más que nunca dispuesto para esta función.

Profesión

Una chica llegó con una fuerte depresión porque se había muerto su padre y, al poco tiempo, la habían despedido de su trabajo. Estaba en pleno crecimiento profesional y la fusión de la empresa no le había favorecido, sintió que fue injustamente despedida porque ella era la mejor en su puesto de trabajo. Por mucho tiempo pensó que quizá había sido por su aspecto físico, por algo en sus competencias o quizá por no llevarse mejor o diferente con su jefe. Cuando llegó a sus sesiones y se dio cuenta que su vida la había anclado a darle gusto a su jefe y a su padre para obtener su reconocimiento, fue muy duro para ella, porque hizo consciente que su vida dependía de otros y no de su propia capacidad. A partir de ese momento, se sacudió su depresión y empezó a tomar valor por ella misma. Recibió diferentes ofertas de trabajo y se dio cuenta que un jefe o un trabajo no sería lo que detendría su crecimiento.

Estamos ya en la etapa de la profesión o de hacer dinero, la cual experimentamos entre los 28 y los 42 años. En los primeros 7 años, será de vital importancia que reconozcas tus propias habilidades, tus recursos de valor intelectual, ya que estos serán las herramientas que te permitan generar una fuente de ingreso, estructurar toda aquella información que posees sobre tu experiencia y ponerla al servicio de los demás. Se le conoce como la «etapa de éxitos personales», ya que todo se relaciona directamente con tus talentos, con tus éxitos personales, con el tiempo y esfuerzo que dedicas a ellos, dentro de los cuales, se contempla la necesidad de tener hijos y brindarles el apoyo inicial en su infancia, cubriendo necesidades básicas de alimentación, higiene o descanso, así como necesidades afectivas que integren su formación como individuos y los fortalezcan emocionalmente.

En la segunda parte de esta etapa que va de los 35 a los 42 años, se hace presente ese momento en donde tus habilidades deben cobrar sentido para la cultura, contagiarla con nuevas ideas que generen en las personas el deseo de hacerlas suyas para desarrollarlas y compartirlas también, es decir, es el tiempo en el que puedes generar un impacto más social e importante que, de cierta manera, retribuya con una mayor economía a tu hogar que te permita, a ti y a tu familia, estar más holgados económicamente, ser más abundantes. Se integra también la razón con la cultura, a lo que llamamos como «progreso», por el mayor énfasis que se da al enfoque económico y utilitario que genera para el mundo. Eso quiere decir que debes tener una función importante dentro de la actividad humana para que cobre sentido tu existencia. Comienzas aquí a generar ingresos por tus acciones, decisiones, ideas o pensamientos, muchas veces sin necesidad de embargar tu tiempo para lograrlo. Una vez que has alcanzado mayor abundancia económica, estarás listo para ayudar a otras personas que necesitarán de tu experiencia, dinero y oportunidades para seguir creciendo, y quizá tú necesites de su fuerza y vigor para los mismos fines.

Trascendencia

Justo cuando cumplí mis 50 años empezó una gran necesidad de publicar este libro ya que es un compendio de mi experiencia, investigaciones y vivencias y que ahora, en mi mente, surge la necesidad de compartirlas con la humanidad para que sirvan de algo. Todos podrán hablar de trascendencia, sin embargo, cuando se siente esa motivación interna e inexplicable te dan ganas de hacerlo simplemente. Si no has llegado a esta etapa, ya te tocará y te sugiero que no la desperdicies, pero sí ya estás en ella o ya te pasaste sólo sigue tu intuición y dale rienda suelta a la creatividad que el universo conspira para que se logren tus sueños.

Hemos llegado a un momento crucial del desarrollo humano, a esta etapa que genera una sensación muy especial. El saber que los seres humanos somos finitos en nuestra conformación biológica y existencia sobre la tierra, pero que nuestra esencia puede ser infinita gracias a la consciencia que nos permite continuar en el tiempo e impactar positivamente la vida de alguien más, es algo estremecedor. ¿Por qué hice esta breve mención? Porque en esta etapa de la «trascendencia» es cuando comienzas a adentrarte a una nueva escala de pensamiento donde, por un lado, tu etapa biológica inicia su proceso de decadencia y por el otro, se incrementa considerablemente el que tengas una visión más «espiritual» de la vida, donde impulsar y ayudar a la humanidad a evolucionar como especie con la colaboración y ayuda desinteresada, toma importancia. Te permitirá tener un sentido más humano de tu actividad, es decir, centrarás tu esfuerzo para que, lo que hagas, tenga una utilidad mucho más profunda para la humanidad o para el planeta y pueda continuarse en todo momento a través del tiempo, y más allá de la vida material, con ese impulso creador de tu propio espíritu.

Entonces, es importante que recuerdes que, todo lo que hagas debe tener sentido, debe ser valioso y extraordinario porque ahora que comienzas esa búsqueda de la trascendencia, en donde tu intuición comienza a hacer conexión con todo lo que existe, con tus maravillosos dones, inicia también, el querer desarrollar tus ideas deseando que sean de utilidad para el mundo. Por ti, por tu familia, para otras personas.

En la segunda parte de esta etapa (entre los 49 y 56 años), se logran las mayores creaciones culturales. La creatividad surge con grandes libros, películas, invenciones y modelos de negocios. Todas esas revelaciones generan en ti el deseo de compartirlas a todas las personas que te sea posible; has acumulado tantas ideas en la vida, y ahora cabe en tu mente la posibilidad de crearlas y compartirlas con la humanidad.

Altruismo

No muchos llegan a consulta en esta etapa de vida, pero cuando llegan, es porque están listos y preparados para disfrutar ese llamado interior que surge con el amor sutil.

Otra abuelita llegó a consulta, estaba muy frustrada porque ella tenía mucha energía y su marido no, se sentía encerrada en cuatro paredes como una sirvienta y sus únicas escapadas eran a través de la televisión y las novelas. Tras algunas sesiones y con su entrenamiento, empezó a ver la vida de otra manera y a manejarla con otro matiz. Empezó a hacer nuevos amigos que se juntaban para ayudar en causas de orfandad o de pobreza, sin embargo, lo que realmente cambió fue su actitud; empezó a realizar excursiones cada vez más lejanas con el pretexto de ayudar, pero en realidad entendió que tenía un verdadero pretexto para vivir. A su marido, no le quedó de otra más que seguirle los pasos aprendiendo a disfrutar de otras partes del mundo que no conocía y que aún estaba muy a tiempo para conocer y vivir.

En esta etapa, surge la necesidad en el ser humano de vivir y expresar su amor ayudando desinteresadamente a los demás para nivelar las desventajas o compensar las injusticias, lo cual lo convierte en un valor muy importante en la sociedad por la solidaridad y empatía que representa.

De los 56 a los 63 años, es el momento en que la vida normalmente te permite estrenarte como abuelo, encontrarle una visión mucho más trascendente al amor, donde el apoyo a tu familia será de lo más relevante. De los 63 a los 70 años, esta necesidad se manifiesta aún con mayor fuerza y es, en este momento, en donde surge el deseo de ayudar a otras personas simplemente por el gusto de ayudar. Por ello, estoy seguro de que, en cuanto vivas este momento, o si es que ya te encuentras disfrutándolo, se generará en ti la necesidad de cooperar con tu tiempo y tu entorno, de experimentar este nivel de consciencia para compensar desequilibrios sociales y económicos.

Mentoría

Me ha tocado apoyar a personas en esta etapa, la mayoría de ellos llegan por una enfermedad que los bajonea y sus hijos buscan la manera de levantarlos. Lo que nadie les dice es que para ellos es muy difícil desprenderse y despedirse de un personaje que fue el proveedor o el ingeniero de una vida.

Ese fue el caso de un gran amigo ahora, que tomó sus sesiones conmigo; él fue por muchos años el ingeniero de una gran fábrica, tenía 3 hijas y su vida siempre tornaba alrededor de su trabajo. Cuando él se jubila a los 68 años le costó mucho trabajo desprenderse de la necesidad de resolver problemas o de dar órdenes.

Cuando empieza a aceptar su realidad y comprende que sus hijas no necesitan consejos técnicos, ni recibir órdenes, se enfocó en estudiar los temas de sus nietos para poder entablar pláticas familiares sobre los intereses de toda la familia. El abuelo era el ser más inteligente con el que podían hablar sus nietos y sus hijas.

Hemos llegado a la última etapa dentro del proceso de desarrollo humano en donde, a partir de los 70 y hasta los 77 años, se hace presente la mentoría, integrada por la sabiduría y el conocimiento. Para ti será sencillo resolver y observar cómo es la mejor manera de hacer las cosas gracias a las experiencias y conocimientos que has adquirido y experimentado en la vida, sentirás la necesidad de guiar a todas las personas que de cierta manera siguen tus pasos, ya sea a tus hijos, a tus discípulos o a cualquier persona que tenga los mismos intereses que tú. Por ello, en esta etapa de mentoría, sobre la segunda parte de ella, de los 77 a los 84 años, surge una nueva necesidad, y es la necesidad de ser escuchados y dejar el legado a tu sucesor.

Para el ser humano existe un concepto que le he llamado «La Joya de la Corona», el cual, hace alusión al deseo de querer que los conocimientos adquiridos sean de utilidad para el mundo, que cobren sentido para toda la humanidad, creando un legado que deje una huella profunda. Es decir, el arte, la tecnología, los métodos, las enseñanzas, los cursos o simplemente una filosofía de vida que puedas dejar para tu cultura, será la forma en que tu paso por la vida cobre sentido para tus hijos, tu familia o para cualquier persona, y sea la joya más preciada que puede haber existido.

B) CÓMO REACCIONO AUTOMÁTICAMENTE

> *«El entrenamiento no trata con un objeto, sino con el espíritu humano y con las emociones humanas».*
> —BRUCE LEE

Todas las personas que llegan a su entrenamiento necesitan entender cuál es su sistema de reacción automático, ya que este, aunque funciona en el corto plazo o funcionó en algún momento de su vida, no siempre los lleva a buen puerto, y peor aun cuando esta reacción es la culpable de estar dando vueltas en círculos en los problemas de su vida. Jóvenes que no saben tomar buenas decisiones, mujeres que se encuentran con el mismo patrón de relaciones tóxicas, adultos que se sienten estancados en su vida, pero no cambian su estilo de vivirla.

Podemos decir que nuestro sistema de reacción está dividido en dos tipos: el primero, motivado por el miedo y el segundo, motivado por el amor. Cuando la motivación es debido al miedo se originan tres reacciones básicas que tiene cualquier organismo vivo: la parálisis, la huida y el ataque. Por otra parte, cuando es motivada por el amor, podemos decir que son las capacidades humanas en sí, las que te llevan a trascender tus miedos para lograr moldear tu propio destino: enfoque, voluntad y autocontrol.

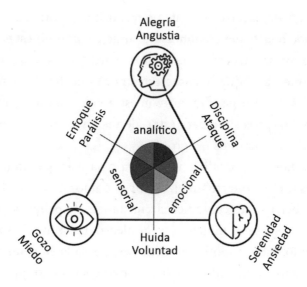

Alegría
Angustia

Enfoque
Parálisis

analítico

Disciplina
Ataque

sensorial

emocional

Gozo
Miedo

Huida
Voluntad

Serenidad
Ansiedad

Sistemas de reacción

Parálisis

Adulto joven de 45 años, mujer, que vivía con una frustración constante por su situación amorosa y económica. No podía comprender porqué no podía salir de esa sensación de enojo constante y continuo que no la dejaban disfrutar de lo que ya había logrado. En sus sesiones se dio cuenta que la voz interior que la perseguía era la de su madre que constantemente la estaba juzgando y exigiendo de todo lo que hacía, por lo tanto, esa combinación entre miedo y enojo la limitaba a ser libre o a tomar decisiones. Cuando logra entrenar su mente y aprende a escuchar a su verdadera esencia, esa parálisis se empieza a desvanecer y, enfocarse en lo que ha logrado en la vida, ahora le ayuda a disfrutar más de esos logros, así como de todo lo que le puede pasar con esa nueva actitud.

Tanto el miedo y la ira son activados por nuestro cerebro ante cualquier situación que este considere como una posible amenaza; esto como respuesta adaptativa que implica sin duda cambios en nuestras funciones físicas y químicas en el organismo. Cuando ambas respuestas se conjugan, se genera la «parálisis», un sistema de reacción que puede hacerse evidente de tres distintas formas: «física», de tipo «emocional» que comúnmente surge cuando no estás acostumbrado a expresar tus emociones o por guardarte las cosas, o también de tipo «mental», que se caracteriza por el hecho de postergar las actividades. Conforme transcurre nuestra vida, vamos recibiendo información que nos sirve para estar alertas y prevenirnos de aquellas cosas que consideramos peligrosas.

Por lo tanto, la parálisis, no es otra cosa más que un mecanismo de defensa. Por ponerte un ejemplo: es como «hacerse el muertito para sobrevivir ante cualquier circunstancia de peligro». Todo esto nos ayuda a los seres humanos a fortalecer el instinto de supervivencia. Cuando nuestra motivación ética está basada en el miedo genera efectos negativos, cuando no existe congruencia de lo que pasa en tu imaginación y lo que realmente está pasando, puede suceder que sin razón aumente nuestro ritmo cardiaco, que sudemos en exceso o que liberemos cortisol, el cual eleva nuestra presión arterial y adrenalina que en exceso puede provocar taquicardia, nada sano ni para la mente ni para el cuerpo. La parálisis es de las primeras reacciones que utilizas de forma emocional sin oportunidad de que puedas controlarlo, *«al menos que entrenes tu mente», generes con ello nuevas interpretaciones, nuevos caminos neuronales y a su vez, estos te lleven a crear nuevas conductas o comportamientos para cambiar tu vida positivamente.*

Huida

Un muchacho con una interpretación de abandono en su infancia logró darse cuenta de que había dejado muchas cosas inconclusas en su vida y, precisamente, llegó al entrenamiento porque estaba por darse de baja de su universidad porque ya no le gustaba su carrera. Hasta que se dio cuenta que no era la carrera su problema sino él mismo; que cuando iniciaba sus proyectos motivados por sus padres estaba muy contento, pero cuando ya le tocaba continuar solo en su proyecto porque ya era su responsabilidad, cuando sus padres ya no hablaban más del tema y el joven ya no se sentía acompañado, perdía el encanto y soltaba sus proyectos. Al darse cuenta de que este comportamiento repetitivo era una forma de huir logró motivarse por sí mismo y resolvió a su parecer todos los conflictos de su vida.

Nuestra mente también es generadora de ansiedad que, en conjunto con el miedo, dispara en nuestro organismo una respuesta adaptativa conocida como «huida», otra reacción impulsiva que nos ayuda a sobrevivir. Expresado de otra forma, es simplemente «correr sin mirar atrás», huir de cualquier circunstancia que nos haga experimentar que estamos en una situación de peligro. Eso también tiene que ver, como mencioné con anterioridad, con huidas físicas como correr; huidas emocionales como abandonar a una persona, separarnos de nuestra pareja o de cualquier amistad o relación; y huidas mentales, que implican dejar a la mitad tus proyectos, cosas sin concluir por sentir que no tienes apoyo. Por lo tanto, este instinto motivado por el miedo te ayuda a sobrevivir, pero será necesario que lo uses adecuadamente para evitar que te acerque a situaciones que no son positivas para tu vida cotidiana.

Ataque

En una ocasión un joven que fue a consulta me preguntaba por qué siempre que estaba ante un peligro, en lugar de salvarse se exponía aún más de forma automática. Me platicaba que en una ocasión que quisieron asaltarlo con pistola en mano, en lugar de ponerse a salvo, le quitó la pistola al asaltante sin estar preparado para esto, de hecho, se sorprendió porque él casi no recuerda cómo lo hizo hasta que se vio persiguiendo a los asaltantes y se pudo calmar después de un rato, sin embargo, después de hacerlo él se arrepintió porque pudo haber pasado algo trágico y muy lamentable, y así como este evento, recuerda muchas reacciones de las cuales después se arrepiente. En sus sesiones logró descubrir la raíz de su reacción y ahora puede controlarlo muchísimo más.

Esta herramienta o reacción de ataque se presenta al unirse la ira con la ansiedad, lo cual, la convierte automáticamente en una situación de supervivencia. Por ejemplo, cuando te encuentras en peligro, tu instinto genera la necesidad de atacar a quien quiere hacerte daño, esto para evitar que te lastimen y asegurar tu integridad. El cerebro mide las consecuencias de tu reacción cuando te encuentras en una situación de vida o muerte, por lo que en ese momento lo más conveniente para ti, es tomar la decisión de actuar y enfrentar la situación.

Muchas veces, cuando no dimensionamos nuestras reacciones impulsivas, nos ponemos en situaciones delicadas porque el objetivo de corto plazo que nos impulsa a actuar es ganar la batalla sin ninguna necesidad. Es por ello por lo que cometemos errores importantes, ya que atacar sin medir las consecuencias, nos puede llevar a escenarios que normalmente nos perjudican en el mediano y largo plazo.

Disciplina

Así como el cerebro sólo se fija en las cosas que nos ponen en peligro, nuestra mente nos lleva a darnos cuenta de lo que podemos lograr con la intención y con la energía enfocada, disciplinada y dispuesta para lograrlo. Esto implica un esfuerzo mental, es decir, energía extra que normalmente evita nuestro cerebro, pero que es indispensable para crecer y transformar nuestras vidas.

La disciplina es una de las capacidades humanas que nos ponen en otra dimensión evolutiva, ya decía Plotino, filósofo griego, que el ser humano está en el paso intermedio entre los animales y los dioses, así es que muchas personas tienen la facilidad natural de la disciplina, donde pueden apalancarse para desarrollar las siguientes capacidades humanas: la voluntad y el enfoque que, cuando se unen, logran conectarnos en la formula automática del espíritu al que le llamamos fluir, que deja de ser un esfuerzo de nuestra mente y converge con la energía universal para que fluyas con el universo. Quizá esto suena muy elevado, pero estoy seguro de que lo has vivido y lo importante será que puedas alargar el tiempo de esos momentos que fluyes con lo que te gusta, eso que cuando lo haces no existe ni tiempo ni espacio.

La contraparte del ataque es la disciplina, esa forma ordenada de llevar a cabo tus tareas de acuerdo con algún método que consideras como correcto o adecuado por los resultados obtenidos anteriormente, y la cual surge cuando te encuentras motivado por el amor. Cuando se combinan la alegría con la serenidad, se tiene como resultado la disciplina o el autocontrol, ese maravilloso arte que te lleva a lograr tus metas sin perder de vista tu propósito y que te alienta a no dejar de intentar una y otra vez hasta lograr lo que te propongas. Por ello, la disciplina es el ejercicio que necesitas realizar día con día para llevar de nuevo a tu mente hacia lo que quieres, acción que es indispensable para lograr tus objetivos. Sin embargo, necesitas vivir con una conciencia superior que te guíe y te coloque en el camino adecuado que te permita alcanzarlos, con una motivación ética que se encuentre basada en el amor.

Voluntad

Conocí a una persona que, cuando llegó a su entrenamiento, enseguida conecté con ella por su capacidad de resiliencia ante las circunstancias que ha tenido que enfrentar con todos los accidentes que le han pasado a ella y a sus seres cercanos, pero el solo hecho de estar con ella te llena de esperanza y alegría por su actitud. En sus sesiones logró darse cuenta de que una de las habilidades naturales que ha desarrollado en su vida es la voluntad y que eso ha sido su gran fortaleza, sin embargo, también se dio cuenta que si tuviera más disciplina podría salir mucho más rápido de sus circunstancias y cambiar su condición.

La voluntad es otra de las habilidades de las que goza tu conciencia superior y es conocida como la contraparte de la huida, que se hace presente cuando nos encontramos frente a emociones que no nos gustan o no sabemos cómo tolerar y a las cuales preferimos no enfrentar. Así, cuando se junta el gozo con la serenidad, es como hace su aparición la voluntad, esa intención o deseo que nos da verdadera libertad al impedir que nuestras emociones nos controlen. Cuando tienes el deseo y la convicción de lograr tus metas, será necesario que hagas uso de ella, de la fortaleza que te da para lograr lo que te propongas, de esa enorme potencia interior que te motiva y que está soportada por la fuerza de tu alma, para vencer cualquier deseo de querer posponer, dejar las cosas al último, a la mitad, realizar otro tipo de actividades que te requieran menos estrés o, simplemente, abandonar. Entonces, cuando ejerces tu voluntad, te estás permitiendo también, el derecho que tienes de dirigir tu propio destino.

Enfoque

Una persona muy exitosa en el ámbito profesional llegó a sesiones porque su vida amorosa era un desastre, en su primer matrimonio las cosas siempre fueron complejas desde el noviazgo, durante la época de casados y en el divorcio. Ella estaba todo el tiempo enfocada en sus cosas, pensando que lo que hacía era lo correcto, y que lo correcto le haría vivir una vida plena. Sin embargo, en realidad no fue así. Quizá las cosas en las que se enfocaba no la llevaban a esa vida que ella deseaba, y más bien la alejaban de sus relaciones, perdiendo por completo esa conexión tan necesaria en ellas, y terminando todo sin saber por qué, quedando finalmente rota.

Si bien el enfoque es una de las capacidades humanas más valiosas para el éxito, de una manera mal dirigida puede llevarte a vivir ilusiones que no necesariamente te hacen feliz.

En sesiones se dio cuenta de que muchas veces no tomó decisiones importantes porque la rabia la paralizaba y postergaba los límites que tenía que poner en su trabajo para poder enfocarse más a su relación de pareja. Todo ello hizo que la situación se tornara cada día más difícil desvinculándose emocionalmente de sus relaciones, volviéndolas monótonas, aburridas y vacías. Empezó a balancear más su vida, y así como era importante su trabajo, también se dio cuenta que era importante su pareja, por lo que también se enfocó en su actual relación para rescatarla y llevarla a ese punto donde quería vivir. Sanó sus heridas y puso esa gran capacidad de enfoque en lograr el éxito, ahora, en el ámbito amoroso como era su anhelo.

El enfoque es otra de las capacidades humanas que te ayuda a contrarrestar la parálisis. Se hace presente cuando la alegría y el gozo se complementan para que puedas disfrutar el tiempo y el espacio que se crea con esa combinación. Implica tener toda tu conciencia en el aquí y en el ahora para que puedas dirigir tus pensamientos y acciones hacia algo que te lleve al logro de tus metas. Muchas veces, la ira o el miedo te hacen evadir pequeñas batallas, logran distraerte continuamente con ruido y basura que generan en tu cabeza para impedir que tomes decisiones, sin embargo, el enfoque te guía y permite que logres mayor concentración, evita que te disperses y logra que te alejes de las situaciones que te llevan hacia un escenario o sensación que te ocasione miedo e inseguridad. Enfocar tu pensamiento a lo que puedes y deseas desarrollar para organizarte y no perder en ningún momento el foco de lo que haces te permitirá avanzar para llegar al cumplimiento de tus metas. Es la única forma de dirigir tu destino hacia donde tú deseas ir.

C) LOS MIEDOS PRIMARIOS QUE CREARON MI PERSONALIDAD

> *«Lo que somos de niños nos persigue el resto*
> *de nuestras vidas, no importa lo mucho que corramos,*
> *al final siempre nos encuentra».*
> —ALAITZ LECEAGA

A un empresario muy exitoso en México y poseedor de una gran fortuna le hacía falta «algo» en su vida; aunque en sus ámbitos de pareja, profesional, familiar y espiritual se sentía bien y estable, él sabía que le hacía falta algo. Cuando lo conocí platicamos ampliamente de la vida y su filosofía, coincidíamos en todo, sin embargo, la plática sólo complementaba nuestros conocimientos y filosofías, y fortalecía los métodos para poder ayudar a los demás en su desarrollo personal. Él tenía la noción empírica de lo importante de la infancia, pero me decía que no recordaba nada de la suya y que no podía hablar mucho del tema, así es que me pidió ayuda y decidió vivir sus sesiones. Intuía que este entrenamiento complementaría su preparación, así es que empezamos trabajando primero con su infancia y estaba maravillado de todo lo que guarda nuestra mente subconsciente y por todo lo que pudo rescatar de su infancia que le permitió encontrar el origen de sus heridas y resolverlas de raíz.

En la primera infancia, que abarca hasta los 7 años, por proceso natural se forma tu configuración, tu personalidad, tu temperamento (proveniente de tu biología) y el tipo de carácter (influenciado por el entorno que te rodea) que tendrás, así como también las percepciones, heridas o miedos más profundos que tratarás de evitar conforme sigas tu desarrollo, las cuales, con seguridad, te harán transitar desaciertos que crearán una carrera por la vida. Tu configuración existe gracias a los 6 miedos primarios que viven en tu información genética y biológica que surgen desde tu estancia dentro del vientre de mamá.

El primer miedo que tenemos es «la indiferencia», a que tu mamá te ignore y tengas que vivir sin su apoyo biológico. Esta necesidad de atención surge de forma instintiva para sobrevivir, para ser alimentado y contenido mientras sigues desarrollándote fuera del vientre de mamá ya que aún no puedes moverte por tus propios medios.

El segundo miedo primario, es el «miedo al rechazo» que aparece de los 2 a los 3 años aproximadamente. En este tiempo, necesitamos apoyo para movernos y de cierta manera independizarnos, para aprender a caminar, para conocer el mundo. Tocamos todo lo que está a nuestro alcance, nos llevamos a la boca cualquier cosa que llame nuestra atención, es el tiempo en que gateando nos desplazamos por todas partes dentro del hogar, es también el tiempo en que estamos entendiendo una nueva manera de vivir cuando tenemos movimiento.

El tercer miedo primario es el «miedo al abandono» y lo vivimos entre los 3 y 4 años, edad en que la necesidad de comunicación es mucho mayor porque el habla aparece y es cuando deseamos entender que la otra persona está con nosotros para apoyarnos. Se abre nuestro mundo y comenzamos también a sentir miedo frente a situaciones a las que antes no temíamos y esto, es debido a que nuestro desarrollo cognitivo está ya más desarrollado y nos permite anticipar peligros de los que antes no nos percatábamos. En esta etapa de vida, surge el miedo a no ser apoyado, a ser abandonado o quedarnos solos. Se crean también, vínculos especiales, ya no solamente con nuestra madre, sino con otros miembros de la familia o incluso con amiguitos, maestras o cuidadoras en el kínder.

El siguiente es el «miedo a la humillación» que se da entre los 4 y los 5 años, empezamos a convivir con más personas, más amiguitos, más primos, más familia, en donde lo que nos interesa es que nos traten bien y nos hagan sentir felices y cómodos. La interacción entre adultos o niños es indispensable para sentirnos seguros de nosotros mismos, sin embargo, esta etapa de integración a la sociedad no siempre es tan agradable y muchas veces, el contexto donde vivimos en casa no siempre es miel sobre hojuelas. Las agresiones, los gritos y la desesperación de los padres hacen que no siempre sea una tarea sencilla el interactuar adecuadamente. Este miedo es a ser maltratado.

El ciclo natural de la vida nos permite seguir evolucionando, por ello es que, entre los 5 y los 6 años, también aparece el «miedo a ser injustamente tratado». En esta etapa es cuando surge ya la identidad de género que nos hace ser un yo diferenciado entre hombres y mujeres, participando como un miembro de la familia donde el sexo opuesto nos atrae, nos llama la atención. Por lo tanto, empezamos a crear juicios de valor, del trato que se tienen entre sexos opuestos, ya sea con nosotros o entre nuestros padres, creando un «deber ser» o una lógica mental donde pueda comparar lo que está bien de lo que está mal.

Llegamos al último de los miedos primarios, el «miedo a ser traicionado». El entendimiento de un «deber ser», comparándolo con todo lo que sucede a nuestro alrededor como cultura, hace que hagamos un juicio más amplio y tengamos más expectativas que, cuando no están cubiertas, crean conflictos internos donde tenemos que asegurarnos que se van a cumplir o que se tiene que hacer algo al respecto. Tenemos miedo a sufrir una desilusión, tratamos de evitar aquello que nos ocasiona dolor o nos haga experimentar un deseo de no querer tener contacto o vínculo con ello, generando así desconfianza.

Necesidad del niño	Sentimientos motivados por el miedo	Sentimientos motivados por el amor
Necesito que me reconozcan 0-2 años (rojo)	Siento que no soy visto o tomado en cuenta	Me siento gratamente observado por mi fuente de amor
Necesito que me acepten 2-3 años (naranja)	Siento algún tipo de rechazo	Me siento incluido por mi fuente de amor
Necesito que me apoyen 3-4 años (amarillo)	Siento que estoy solo y me falta apoyo	Me siento apoyado por mi fuente de amor
Necesito que me traten bien 4-5 años (verde)	Siento que estoy siendo agredido o avergonzado sin razón	Me siento bien tratado por mi fuente de amor
Necesito que me expliquen 5-6 años (azul)	Siento que estoy siendo juzgado o tratado rígidamente	Me siento tratado como ser pensante por mi fuente de amor
Necesito que me confirmen 6-7 años (morado)	Siento que me están engañando o traicionando	Me siento en confianza con lo que dice y hace mi fuente de amor

Sentimientos y necesidades de la infancia

Interpretación de la indiferencia (Rojo)

Esta interpretación aparece en el nacimiento o en el embarazo, pero es increíble cuando en sesiones aparece en el subconsciente de alguien el evento del nacimiento. Recuerdo a una persona que en la tercera sesión de Neurotransformación nos llevó, en su imaginación, al día de su nacimiento y me describía el miedo y los detalles que se percibían en el hospital; las paredes, las luces, los cuneros, el aroma, todo lo describía con lujo de detalle, pero el verdadero conflicto que se resolvió ese día fue la incertidumbre que sentía ese bebé por entender quién lo iba a proteger. Se veía atemorizado en un cunero, frío y sin amor. Cuando él, como adulto, pudo ir por ese niño, lo abrazó y le dijo: *yo me hago cargo de ti*. Sintió, desde entonces, una fuerza interior que lo acompaña hoy día, y logró entender la fuerza interior que le hacía falta en su vida.

Es desde los 0 y hasta los 9 meses en que estamos en el vientre de mamá, que tenemos y se van moviendo cientos de emociones y sensaciones que nuestro cuerpo es capaz de interpretar, creando así nuestros primeros caminos neuronales, esas conexiones que nacen cada vez que aprendemos algo nuevo por primera vez y que nos preparan para repetir esa acción o pensamiento, conducta o sentimiento en un futuro. En estos, se desarrolla naturalmente el miedo a no ser reconocido por nuestra propia madre o a una reacción de indiferencia.

Si este sentimiento no es cubierto, o se presentan problemas al nacer, o cuando tenemos entre 0 y 2 años de vida y no sentimos esa estabilidad, se genera la primera herida de reconocimiento, ya que es, justo en ese momento, cuando necesitamos el apoyo de mamá para sobrevivir. Cuando tenemos la sensación de que no vamos a tener ese apoyo, nos aferramos a su cariño y a su fórmula para sentirnos seguros y evitar dolor.

Lo primero que se detona y se desarrolla debido a lo anterior, es «el sacrificio», porque nacemos y crecemos con una fórmula materna que nos lleva, más adelante en la vida, a ser materialistas, a expresar nuestra interpretación con los demás como una respuesta a lo que nos hizo falta, pero lo malo es que tendemos a sacrificarnos por los demás, teniendo anclado en nuestra mente el sentimiento de que necesitamos anteponer nuestras necesidades a las de otras personas para poder sobrevivir en ese mundo, en el que gracias a esa herida de la infancia, tenemos la plena convicción de que si no damos primero a otros seres humanos, nadie nos va a reconocer y no vamos a recibir.

Interpretación del rechazo (Naranja)

Un muchacho súper tímido llegó a su entrenamiento referido por su madre. Ella estaba muy preocupada por su hijo porque era muy retraído y lo veía como enojado con la vida, tenía 13 años y no sabía si era por su adolescencia o si era algo más grave porque no salía de su habitación y cuando lo hacía sólo era para expresar que todo era una porquería. Me pidió que lo ayudara y, lo primero que le comenté fue que, si él quería lo íbamos a lograr, pero si no salía de él pues no se podría hacer gran cosa. Le pedí que me diera una oportunidad para hablar con su hijo y realizarle e interpretarle un test de 6 preguntas que utilizamos en la organización. Cuando empezó a leer sus resultados, le sorprendió que con sólo 6 preguntas saliera justo cómo se sentía. Me dio la oportunidad de interpretar su diagnóstico y se dio cuenta que el origen de su timidez era un temor a que lo rechazaran y por eso prefería no arriesgarse a muchas cosas, sin embargo, cuando inicio sus sesiones y resolvió su herida primaria, fue otro. Tanto su madre, como él, se sorprendieron del cambio tan radical que dio su vida, es ahora una persona mucho más segura, socializa sin problema y sobre todo, está muy feliz con su verdadera personalidad.

Desde los 2 a los 3 años aproximadamente, comenzamos a movernos, damos nuestros primeros pasos, logramos cambiar con facilidad de sentido y generamos la oportunidad de tener nuevas formas de entender la vida. Por lo tanto, lo que necesitamos, es saber que estamos protegidos con mamá o por mamá; cuando nos llevamos a la boca algo que no es sano, cuando corremos el riesgo de tropezar y caer, cuando nos ponemos en una situación de peligro, cuando decidimos movernos, acercarnos al placer o alejarnos del dolor. Cuando vivimos alguna circunstancia en esta etapa de nuestra vida, ya sea porque tuvimos un hermanito, porque nuestros papás trabajaban, porque no sentimos ese apoyo de contención de mamá, podemos generar en nuestra mente la sensación de ser rechazados y la necesidad de siempre «tener que crear un mundo en nuestro interior» que nos haga vivir en un escenario «irreal» en donde nuestra interpretación sea que todas las personas tienen alguna circunstancia en particular que hará que no nos acepte, y así, todo lo conceptualizaremos de inmediato como algo que va a generar rechazo hacia nosotros y será más sencillo aislarnos y tener poco contacto con las demás personas.

Interpretación del abandono (Amarillo)

El abandono normalmente viene acompañado con ansiedad y muchas veces con ataques de ansiedad, quienes los han vivido dicen que es una sensación incontrolable que les impide hacer miles de cosas porque no saben en qué momento les puede suceder y sienten como si fueran a morir en ese momento.

Un muchacho llegó conmigo porque lo iban a operar del corazón ya que había nacido con un problema y le tuvieron que poner un implante, pero como ya había crecido pues tenían que remplazar el marcapasos por uno más grande y eso lo tenía muy nervioso, tanto, que los ataques de ansiedad aparecían en la escuela, en la calle, en cualquier lugar y eso no lo dejaba entrar a su operación y, mucho menos, a una vida tranquila o con una cierta paz. Por un lado, no se podía separar de su madre, pero por otro, tenía un sentimiento de abandono y falta de apoyo por parte de su padre. Esta interpretación que despertó ese sentimiento de ansiedad porque no sentía el apoyo de su padre en un proceso tan difícil detonaba los ataques. Al trabajarlo en sesiones y reemplazar esa fuerza que necesitaba de su padre por una fuerza que se dio él mismo con un personaje creado en su mente llamado «su verdadera esencia», «consciencia», «el observador», «tu yo interior» o como le quieras llamar, logró obtener esa seguridad que necesitaba pudiendo controlar sus ataques y tomando el control de sus emociones con sus ejercicios de respiración. Cuando tomó el control total de sus emociones por fin puso fecha para su operación sin la preocupación de que apareciera un ataque en el hospital. Todo fue un éxito y a la fecha lo veo en redes sociales trabajando en lo que le apasiona dándome una gran satisfacción y orgullo por lo logrado con su trabajo interior.

A los 3 años empezamos a expresar y compartir con otros miembros de la familia, a crear nuestra estructura de lenguaje, a comunicarnos, a sentir la necesidad de siempre estar acompañados. Así es como se generan nuevos vínculos de amistad y de amor, no solamente con nuestra madre, sino también con nuestro padre. Por lo tanto, es que a esta edad, la necesidad de crear vínculos emocionales es de suma importancia, y cuando este requerimiento se ve afectado, ya sea porque nuestros padres no están presentes, porque fallecieron, porque nos dejaron bajo los cuidados de la abuela o porque tenían que trabajar periodos prolongados, entre otras razones, se genera una sensación de abandono y ansiedad porque nuestra mente nos lleva a creer que debido a tener ese miedo intenso de estar solos, algo nos va a pasar y no tendremos la ayuda ni el apoyo de nadie. El apego se genera entonces en la infancia y se seguirá expresando en las relaciones que tengamos, desarrollándose estas con una actitud insana, codependiente e insegura.

Interpretación de la humillación (Verde)

Otro caso extraordinario fue el de una chica que llegó a mí por conflictos en su casa y escuela porque no podía controlar sus emociones y se metía en relaciones tóxicas y con mucha violencia. A ella la diagnosticaron con un problema de *borderline* por lo que estaba dudosa en tomar otro tipo de sesiones complementarias a sus terapias psicológicas, sin embargo, la situación familiar y de pareja ya era insostenible para poder continuar así. Justo detectamos una configuración verde en su diagnóstico y cuando empezamos a trabajar en sus recuerdos aparecían ya normalizados ataques y manipulaciones desde muy pequeña por parte de su padre, y que a ella le parecía normal que la trataran así, con violencia. Incluso ella misma de forma inconsciente provocaba esa violencia en sus relaciones, no estaba acostumbrada a vivir en un ambiente armónico y sin conflictos. Sin embargo, cuando se dio cuenta de que se podía vivir diferente y que vivir en armonía era la mejor opción para su vida, cambió radicalmente su forma de relacionarse con su familia y cambió de patrón de pareja dándose cuenta de que tenía una gran habilidad para manejar los conflictos pero que, no tenía que vivir en ellos y, mucho menos, provocarlos.

Entre los 4 o 5 años, estos vínculos emocionales que creamos al comunicarnos ya se muestran más sólidos, ya somos capaces de hablar mucho más fluido. Empezamos a comunicarnos y a interactuar con más personas de la familia, con primos o amigos. Es el tiempo en que comenzamos a asistir al kínder, a interactuar con los compañeritos, de los cuales, esperamos tener experiencias positivas y agradables, lo que nos hace, tan solo con pensar que así sucederá, sentirnos felices. Cuando, por el contrario, en nuestra interacción recibimos maltratos y malas expresiones verbales, aparecen en automático mecanismos de supervivencia ante estas circunstancias, provocando que nuestra dignidad y autoestima se vean disminuidas, lo que nos hará sentir que debemos de dar a cualquier persona el derecho a maltratarnos, que esa agresión es algo normal y, por ende, deberemos de resistir la adversidad y los malos tratos para poder sobrevivir en un mundo difícil.

Interpretación de la injusticia (Azul)

Esta interpretación está relacionada con personas muy rígidas, de convicciones firmes y con un alto sentido del orden y la justicia, así es que, muchos de los líderes que atendemos en empresas aparecen con estas características, pero un caso muy especial para mí fue el de una chica muy exitosa en su trabajo y ante las exigencias del estilo de vida aparentemente anhelado, pero, ante su sentir, su vida era gris y triste, y no le encontraba sentido ni sabor a lo que hacía; sus mejores recuerdos eran los viajes que hacía con su sobrina. Cuando llegó a sesiones estaba desesperada por su situación, pero con su disposición a transformarse fue para ambos una experiencia muy bonita. Sesión con sesión entrenaba su mente poco a poco para dejarla libre porque al principio, era para ella complicado dejar que su mente subconsciente apareciera con cosas ilógicas donde ella no podía ordenar, sin embargo, cuando empezó a describir sin juicios lo que estaba pasando en su viaje interior apareció la magia, como ella misma le nombró, se dio cuenta que no sabía disfrutar lo que vivía porque a todo le tenía que poner un juicio, una etiqueta, una calificación que limitaba su curiosidad y su capacidad de asombro.

Ahora te compartiré información acerca de una de las heridas racionales de nuestra infancia que causa dolor en nuestra etapa adulta, y que afecta nuestras relaciones personales y laborales. Es a partir de los 5 años, cuando aparece la libido y el tema de la identidad de género, mismos que nos hacen iniciar con la predisposición de emitir juicios de todo tipo. Empieza a madurar nuestro sistema neocórtex, esa área cerebral responsable del desarrollo de nuestra capacidad de razonamiento, de hacer posible el que pensemos de manera lógica y de desarrollar la consciencia, lo que nos da la capacidad de hacer comparaciones, mismas que llevamos a cabo porque comenzamos a enamorarnos del género opuesto, ya sea que, si somos hombres, nos enamoramos de mamá, y si somos mujeres, nos enamoramos de papá, y eso hace que comparemos y hagamos un juicio cuando esto es afectado. Si tenemos la creencia de que nuestros papás no se llevan bien o no me están tratando cordialmente a mí, automáticamente les generamos un «juicio de injusticia», el cual nos acompañará el resto de nuestra vida y, de ahí en adelante, cada que presenciemos momentos que a nuestro modo de interpretar sean similares, lo etiquetaremos como algo injusto y aseguraremos que el trato que observamos en ese momento debió de haber sido de otra forma, no tan grosera, no tan fría, no tan rígida, no con tantas reglas, etc. Por tanto, cuando nuestras experiencias y aprendizajes en la infancia son dolorosos y lo interpretamos de esa manera, se van conformando como parte de nuestra personalidad, con creencias negativas hacia nosotros mismos, generando que tengamos problemas al vivir nuestra vida de forma sana, tranquila y de forma adecuada.

interpretación de la traición (Morado)

Esta interpretación quizá sea la más intensa y con anécdotas muy interesantes por su nivel de incredulidad. Me tocó atender a un empresario muy exitoso y reconocido, sin embargo, estaba pasando por una situación de divorcio y estaba muy contrariado por la autoimagen que tenía de su vida y familia, ya que, aunque no estaba satisfecho, aparentaban una vida feliz y para la imagen era suficiente. Ya nos habíamos conocido, sin embargo, fue hasta que empezaron los conflictos de rabia y tristeza incontrolables que me contactó porque no podía continuar así. Empezamos sus sesiones y estaba un poco incrédulo de los resultados, pero ya había intentado de todo y se sentía pésimo, y no fue hasta que, en una sesión llegó un recuerdo de su infancia que le hizo rememorar cuando fue el momento en que su padre los dejó y el dolor que sintió su madre al encontrarse sola con la responsabilidad de los hijos, que algo pasó y comprendió el nivel de decepción que le provocó ese momento, entendiendo la raíz de su carácter controlador, el enojo y la obsesión por mantener a la familia unida. En el ejercicio logró liberar emociones encontradas; por un lado, sentía una responsabilidad por la familia siendo un niño de 7 años a la hora que se fue su padre, y por el otro, revivió el sentimiento de angustia que sintió su mamá al sentirse sola con sus hijos, y como niño se dijo a sí mismo: «tengo que mantener a mi familia unida y tengo que controlarlo todo para que no me vuelvan a decepcionar». Al resolver esto empezó a sentir un cambio radical en su conducta, se fue el enojo y el control con sus hijos, encontrando un punto de comunicación con ellos. Se sintió más libre, mejor en su vida, y al día de hoy, sigue con más cambios positivos, disfrutando más de lo que a él le gusta y no de lo que le exige, aparentemente, la sociedad.

Toda herida de la infancia alimenta ciertos aspectos fundamentales de nuestra vida adulta como son sentimientos, emociones, esquemas de pensamiento y comportamiento ante ciertos eventos concretos. Los juicios que hicimos y esta comparativa de cómo fuimos tratados a los 6 o 7 años de edad, nos traerán como consecuencia el que comencemos a generar expectativas e iniciemos a hacer comparaciones no sólo en nuestra familia, sino con otras familias o con todas las personas que habitan este mundo. Por lo tanto, cuando esas expectativas no sean cubiertas bajo nuestros criterios, estaremos frente a la creación de una «herida de traición», debido a que tenemos contemplado que nos traten de una manera en particular y al no recibirlo de la forma en que lo deseábamos, generamos un *deber ser* externo que nos remonta al escenario en donde mamá y papá tuvieron que haberse comportado de acuerdo con las reglas de la sociedad. Cuando esto no llega a ser así, nuestra mente nos lleva a pensar que, cuando las personas no nos dan las cosas que queremos, no generan ciertas situaciones o sentimientos como los necesitamos, estamos en la predisposición de pensar que todo el mundo es traicionero y así los etiquetaremos.

RESUMIENDO

Cuando nacemos tenemos la enorme fortuna de que nuestros padres nos regalan un camino de vida y un cerebro para poder transitarla.

Sin embargo, con ese invaluable obsequio no viene incluido un mapa que nos indique el camino, ni un instructivo para usar el cerebro mientras lo recorremos. Para que esto no te suene tan complicado y para que te sientas seguro de que has recibido una enorme bendición al nacer, te comparto tres secretos que interfieren para que puedas encontrar tu camino y logres reconocer el instructivo de tu cerebro.

Son tres variables básicas: La primera es el «camino», conformado de seis etapas en las cuales tu cerebro va a ir cambiando y modificándose de acuerdo con las necesidades biológicas que requieres como ser humano para preservar la especie. La segunda es el cerebro, que se ha desarrollado con tres pulsiones básicas que te van a ayudar a «sobrevivir», a «reproducirte» y a «colaborar». Y la tercera, es nuestra reacción ante la vida, motivada éticamente por el amor o el miedo.

Cuando ocupas el miedo para recorrer tu camino, este te va a ayudar a salir adelante en situaciones adversas, a sobrevivir, a reproducirte, sobresalir en cuestiones profesionales y económicas, a colaborar, etc. A pesar de que sentir miedo nos implica tomar riesgos y decisiones de forma rápida, este sentimiento nos resulta benéfico y esencial para nuestra salud y tranquilidad mental, ya que, sin duda, nos prepara para sobrellevar el estrés y el peligro que significan para nuestra integridad como personas algunas situaciones.

Cuando estás motivado hacia el amor, la mente toma otra dimensión de consciencia y es capaz de observar otras oportunidades que el cerebro no está considerando cuando tiene miedo. Por ejemplo, cuando deseas construir algo valioso y vivir plenamente, entonces se encuentra la capacidad que tiene tu mente para desarrollar la disciplina, la voluntad y el enfoque. Sin embargo, recuerda que en tu primera infancia, se van a generar los primeros miedos como mecanismos de protección que te impedirán ver la motivación ética del amor que nos diferencia como humanos; estos miedos van a configurar a tu cerebro para que puedas resolver los posibles problemas a los que te enfrentarás en tu vida, pero desgraciadamente —*si no entrenas tu mente*—, te generarás una idea equivocada, y pensarás que la única forma de resolver las cosas es generando círculos viciosos, transitando en un camino sin sentido, el cual no te llevará a la solución que en verdad deseas, y te mantendrá con una mente muy limitada para disfrutar el verdadero sentido de tu vida, pero todo esto se puede evitar, cuando sabes modelar tu destino.

Por lo tanto, los miedos que se hacen presentes a través de la indiferencia, el rechazo, el abandono, el maltrato, la injusticia o la traición, serán las primeras visiones que vas a tener ante la vida, mismas que te llevarán a tratar de reafirmar tu identidad de acuerdo con lo que tú crees que eres. Sin embargo, si tu visión empieza a transformar tu mentalidad hacia un nuevo nivel de consciencia y aprovechas tus grandes virtudes, te enfocas en tu correcta etapa de vida y, sobre todo, utilizas ese nivel de consciencia que has logrado modificar, permitiéndote moldear tu cerebro, cambiar tus miedos por amor y dirigir tu propio destino, tu vida será completamente diferente.

Interpretaciones	Dolor de la separación	Fortalezas para evitar el dolor o buscar placer	Aprendizaje del dolor o en el encuentro del placer	Función en el plano material
Indiferencia (rojo)	No ser reconocido	creativo	Te valoras	ayudar
Rechazo (naranja)	Ser rechazado	detallista	Te atreves	reparar
Abandono (amarillo)	Ser abandonado	sociable	Te independizas	apoyar
Humillación (verde)	Ser agredido	encantador	Te amas	contener
Injusticia (azul)	Ser injustamente tratado	ordenado	Te perdonas	ordenar
Traición (morado)	Ser engañado	valiente	Te liberas	dirigir

Tabla de fortalezas y funcionalidad de las configuraciones

Paso 3

CÓMO ACEPTARME Y QUERERME PARA EL RESTO DE MI VIDA

«Ya eres viejo… Tu naturaleza se encuentra muy próxima a su límite».

—William Shakespeare

Ya han pasado muchos años de aquella experiencia con el cáncer, y hoy, la recuerdo como el gran pretexto de mi vida para adentrarme a un mundo maravilloso de estudios e investigación que me ha permitido enseñar el *método de Neurotransformación* a todas las personas que han querido sumarse a la tarea de cambiar sus vidas, cambiar de mentalidad y ayudar al mundo a sanar sus heridas.

Se dice que cuando alguien tiene una experiencia cercana a la muerte logra tocar otros niveles de consciencia que su mente posee, pero que nadie le había enseñado a usar. La enfermedad me abrió las puertas para hacer de mí mismo un mejor ser humano, y si antes ya era gustoso de la lectura, logró convertirme en un verdadero amante de los libros, quien más tarde se dedicaría a estudiar e investigar la forma en que los seres humanos podemos transformar nuestra mentalidad de manera rápida y contundente para alcanzar nuestra completa felicidad.

Me prometí elevar el nivel de consciencia de la humanidad sin que se tenga que sufrir o tocar fondo por ello, y darle sentido a la palabra trascendencia; y si has llegado hasta aquí, ha valido la pena mi existencia. Hoy puedo decir que la vida me dio la oportunidad de nacer, crecer, reproducirme, trascender y morir (cuando llegue el momento).

Me encanta lo que hago, existen ya muchas personas que han aprendido e implementado el método de Neurotransformación, enseñarlo y guiarlas en él, me permite contribuir a la humanidad con un granito de arena encaminando a las personas a que puedan vivir con paz, amor y felicidad.

Empresarios, psicólogos, amas de casa, niños, líderes, jóvenes, grandes personajes, etc., han pasado por este proceso, y en lo que todos concuerdan es en la transformación de sus reacciones automáticas, que se vuelven mucho más controladas y benéficas.

¿Cómo aceptarme y quererme para el resto de mi vida? Me preguntó una persona cuando llegó a consulta después de que su hijo de 25 años la culpara de que su vida fuera un desastre y decirle que se quería suicidar. La señora se sentía culpable por haber dedicado su tiempo sólo a sacar adelante económicamente a su hijo. La infancia de esta mujer no fue nada fácil, tuvo que trabajar desde muy pequeña por las carencias que vivió en su pueblo natal y se prometió a sí misma que a su hijo no le faltaría nada, sin embargo, aunque económicamente estaban muy bien, vivían un infierno por la depresión y los reclamos de su hijo. Empezaron sus entrenamientos, tanto ella como el joven y, para no hacerles el cuento largo, cada uno se hizo responsable de su vida. Hoy viven muy felices, se dieron cuenta que al comprometerse con su vida tenían trabajo que hacer por el resto de su existencia.

Tres promesas que deberíamos hacernos:

1. Recorrer la vida de la codependencia a la dependencia con dignidad.
2. Elevar el nivel de consciencia para pasar de la mente inferior a la mente superior.
3. Vivir plenamente pasando del miedo al amor.

LOS 3 VOTOS A LOS QUE ME COMPROMETO

1) RECORRER MI VIDA DE LA CODEPENDENCIA A LA DEPENDENCIA CON DIGNIDAD

Uno de los principales retos para el ser humano es comprender su desarrollo. El hombre, a diferencia de otros mamíferos que nacen del vientre de mamá y pueden salir caminando o corriendo, continúa su proceso de desarrollo fuera del útero debido al tamaño de su cráneo. Podría decirse con esto, que el bebé llega al mundo en una fase relativamente temprana de su desarrollo, por lo tanto, en los primeros 7 años de vida, su cerebro aún sigue en constante transformación. Los mamíferos nacen, crecen, comparten su código genético al reproducirse y mueren, mientras que el ser humano nace, crece, comparte su código genético al reproducirse, pero también —*su código cultural al formar creaciones artísticas o tecnológicas e interactuar en organizaciones económicas*— y luego, muere.

Así es que nosotros debemos también entender el proceso de madurez que vivimos como seres humanos, el cual incluye transitar por cuatro etapas: la primera es la de *codependencia,* donde la madre tiene la necesidad de ayudar al hijo y el hijo tiene la necesidad de ser ayudado. La segunda es la de *independencia,* donde el joven busca esa libertad económica, física y emocional para lograr ser un individuo completamente diferenciado de sus padres para formar su propia familia posteriormente. La tercera es la *interdependencia,* donde logra compartir sus conocimientos y los intercambia para crear un sistema económico de subsistencia y colaboración. Y, por último, la cuarta etapa, la de *dependencia* donde el individuo requiere desarrollar sus propios medios para bien morir, y necesitará comprender que requerirá del apoyo de los demás, aunque la otra persona no lo desee como uno.

En los humanos, la colaboración es uno de los puntos más importantes para la preservación de la especie y su supervivencia. Se ejecuta la economía y se crean grandes oportunidades ayudando a otras personas —económica, emocional o físicamente— para poder subsistir como especie.

Pero como ya te comenté, quizá no vivimos tomando en cuenta la última etapa de nuestra vida que requiere de una postura de dependencia que, a diferencia de la codependencia, no necesariamente la otra parte tiene la necesidad o la voluntad de ayudarte, por lo que se hace necesario el que tengas que pensar que todo lo que construyas en tu vida —en salud, amor o dinero— será vital para tu sustento en ese periodo de vida.

En esta etapa de la vejez te pondrás a prueba y, sobre todo, necesitarás tener un plan, ya que dependerás de tus previsiones y de otras personas para poder sobrevivir. Así es la ley de la vida. Con esto quiero decirte que necesitas pensar en todo tu desarrollo como persona para que, en este último período, logres tener la fórmula de cómo vivirla en plenitud.

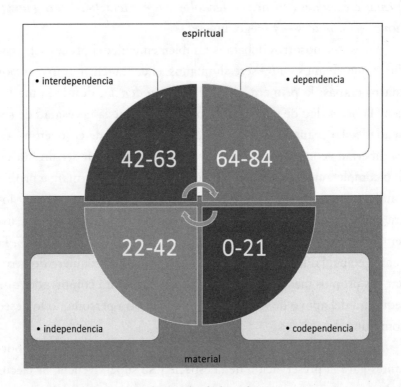

El Círculo de la vida

Codependencia

Muchas veces me preguntan si podemos ayudar a niños, y la respuesta es: *sí podemos*, siempre y cuando los padres, o por lo menos alguno de ellos, sea quien gestione los cambios, y que él o ella también tome sesiones.

Llegó un pequeñito de 9 años con un estrés postraumático muy complicado. Después del temblor del 2017 ocurrido en la ciudad de México, ya no podía estar solo; se arrancaba las pestañas y no podía dormir por días. Ya lo habían medicado, mandado al psiquiátrico y el niño estaba peor, completamente ido y angustiado, sin poderse separar de su madre ni un centímetro. Así pasaron seis meses hasta que llegó a mí; lo que le comenté a su madre fue lo mismo que les digo a los padres de hijos menores de edad, este entrenamiento es un ejercicio de la mente de ustedes y para ustedes, si tú le muestras seguridad a tu hijo, él va a adquirir seguridad. Así empezamos las sesiones y aquel niño que no hablaba, y que estaba como zombi, a la tercera sesión era otro ya que la madre también cambió por completo. ¿Cuál fue la magia? Que en la etapa de codependencia el niño necesita ayuda de la madre y la madre está dispuesta, con todo su amor, a ayudar al niño. Cuando esta ayuda está encaminada para darle seguridad e independencia al niño, aunque nos de miedo o quisiéramos controlar su vida, nosotros como padres necesitamos otorgar esa responsabilidad a ellos para que inicien su libertad. Y así lo han hecho ellos dos hasta el momento, aquel episodio quedó en el pasado, pero ganaron una muy buena filosofía de educación para los otros hijos que también necesitarían de esa guía para ser independientes.

La etapa de la codependencia es una etapa donde nosotros, como padres, podemos ayudar a nuestros hijos a crear un pensamiento de solidez, de fortaleza y de confianza en ellos mismos. La codependencia significa que nuestros hijos necesitan ser ayudados y nosotros como padres necesitamos ayudar a nuestros hijos. Por lo tanto, la seguridad y el amor que podamos proyectar en ellos en esta etapa de la vida será la base para lograr mostrar el siguiente paso. Para cualquier ser humano de los 0 a los 21 años que desee tener una vida saludable en todo senti-do, principalmente en lo emocional, será indispensable generar en ellos un sentimiento de confianza, para que puedan generar pensamientos de autoestima y valentía para su siguiente etapa; deberemos, como padres, guiarlos y darles las herramientas necesarias para que tomen sus pro-pias decisiones acertadamente sin involucrarnos de manera excesiva ni permanente para no generar consecuencias negativas. Por ende, es im-portante que exista un equilibrio de ambas partes.

Recordemos que los seres humanos nacemos vulnerables, no sólo en el plano físico, sino también en el emocional, por lo que la función de los padres será dar los cuidados y protección necesaria hasta que los hijos logren la madurez y, por la parte de los hijos, su función será recibir este amor y atención hasta ese punto de madurez, y aceptar que, en ese momento, ya tienen la capacidad de seguir adelante con su propia actividad, pensamientos y decisiones.

Independencia

Muchas veces fui muy cuestionado por mis hijas y algunos amigos del porqué les decíamos que si estaba bien o mal la tarea era su respon-sabilidad o porqué las hacía trabajar de tan pequeñas. Desde mi pun-to de vista ellas tenían todo nuestro apoyo una vez que ellas ya lo hubieran intentado o hubieran investigado para tomar la decisión, simplemente, en su primera etapa las estábamos preparando para su etapa de independencia y ahora, que están ya en esta etapa de inde-pendencia, estoy preparándolas para su etapa de interdependencia, es decir, para que amplíen su visión y no se queden únicamente con un sueldo o con un negocio. Para esto, tendrán que avanzar para generar activos que puedan convertir en múltiples fuentes de ingresos en el futuro.

La etapa de independencia es ese momento en el que, como indi-viduos, somos capaces de valernos por nosotros mismos, de tomar nuestras propias decisiones, de actuar sin tutela alguna y de elegir sin la intervención de nadie para ser libres y asumir responsabilidades sobre las consecuencias de nuestros actos. Es el tiempo de vida en que, de los 21 a los 42 años, económicamente los seres humanos comenzamos a hacer creaciones culturales y desarrollos económicos para poder formar y consolidar un patrimonio, fortalecer nuestra firmeza de carácter y comportamiento. Por lo tanto, tenemos que olvidarnos por completo de la necesidad de ser ayudados y enfocarnos en entender que somos los únicos que podemos ayudarnos a nosotros mismos en todo lo que hagamos y deseemos emprender.

Interdependencia

En esta etapa de mi vida, a los 50 años, me entró la inquietud de mi legado y estoy preparando ya mi lecho de muerte, y si pienso cómo quiero morir en realidad, quiero que sea una experiencia hermosa y que tengo que disfrutar a partir de este momento, sin embargo, necesito consolidar muchas de las cosas que he empezado y creado en el transcurso de mi vida, como algunos proyectos, derechos de autor, negocios, etc. Así es que estoy súper entretenido siguiendo mi intuición y convirtiendo en activos esos proyectos que me han dado tantas satisfacciones al hacerlos; ahora quiero que me dejen dinero por tenerlos.

Para llegar a ser personas interdependientes, debemos forzosamente haber vivido y superado el escenario de la independencia, pero, para haber logrado ser independientes, debimos primero haber superado la etapa de la codependencia. ¿Pareciera trabalenguas cierto? Pero es algo sencillo de comprender. En esta etapa de interdependencia, que comprende de los 42 a los 63 años, es el tiempo en el que logramos darnos cuenta de que necesitamos afianzar más ingresos de diferentes fuentes económicas; la vida es un intercambio de bienes y servicios, tendrás que aprender a jugar con el sistema, desligando tu tiempo a la generación de ingresos para, ahora, vincular conocimientos y creatividad para la generación de diferentes fuentes de ingresos. Siempre necesitaremos de todos para crecer. En esta etapa de nuestra existencia, tenemos la necesidad también de ayudar y formar una estructura colaborativa, económicamente activa, para que todos gocemos de una economía más sana. Necesitamos tener en cuenta que es indispensable contar con diferentes instrumentos que puedan generar ingresos pasivos para prepararnos para la siguiente etapa, ya que necesitaremos de todo el esfuerzo económico que puedan generar otros para nosotros mismos. Esto es, consolidar empresas, consolidar inversiones, consolidar todos los activos que hemos formado en esta etapa de independencia, para convertirlos en una fuente de ingresos para nuestro futuro, y que todo esto, en conjunto, nos permita estar cobijados en el camino que nos llevará a vivir plenamente y con seguridad. Es importante tomar en cuenta que sólo serán capaces de construir relaciones interdependientes sólidas quienes estén perfectamente estables en su etapa de independencia y que sólo se podrá lograr un equilibrio sano, cuando se den la oportunidad de cuidar de otros o bien, de dejarse cuidar por esos otros.

Dependencia

Entrando a los 60 o 65 quisiera disfrutar de otra manera mi vida, me encantaría caminar y conocer más aventuras, más amistades de la mano de mi esposa; hemos trabajado mucho para nuestro hogar, nuestras hijas y para nosotros como pareja. Mis hijas harán lo suyo y nos toca, a mi esposa y a mí, disfrutar de otras experiencias. Me entusiasma crear cosas nuevas y aprender a disfrutarlas, siempre ha sido la mejor aventura caminar de la mano de mi esposa, por lo que esta nueva etapa la vivo imaginando con mucha ilusión, ya con la tranquilidad de que nuestro sustento económico y emocional está basado en el conocimiento de nuestra verdadera esencia.

«La necesidad de ser ayudados», concepto tan difícil de creer si pocos años atrás no requeríamos ayuda de nadie para realizar nuestras actividades cotidianas. Cuando llegamos al punto de vida en donde hemos perdido autonomía de nuestro físico, de nuestro intelecto, y algunas veces, de nuestras emociones es momento de aceptar que ¡necesitamos ayuda! En esta etapa, a diferencia de la primera etapa de nuestra vida, la «codependencia», no siempre se tiene a alguien que nos apoye para hacer nuestra vida más ligera y, si se tiene a esa persona, esta no necesariamente va a tener la posibilidad o el deseo de ayudarnos; así pasa en muchas ocasiones. Esto significará que vamos a tener que depender de ayudas sociales, económicas y emocionales para poder sobrevivir nuestras últimas etapas de la vida, ya que de los 63 a los 84 años, que es el promedio de vida del ser humano, tendremos que estar establemente acomodados en la parte económica, pero también acompañados en la parte social y, físicamente saludables para poder sobrellevar esta etapa de dependencia y lograr solventar las ayudas requeridas para poder bien morir.

Sin embargo, existen personas que deciden no moverse de su etapa anterior porque valoran en demasía todo lo que la misma les permite disfrutar y no están dispuestos a dejarlo. El problema aquí es que no se hace la tarea de pasar a la valoración de la conciencia y, las consecuencias, suelen ser serias ya que afectan directamente a la persona y suelen ocasionar conflictos a otras personas también.

Por ello, el mensaje es: si tú hiciste bien tu camino de la dependencia a la interdependencia, serás capaz de disfrutar de todo lo que has creado en lo económico, en lo familiar, en lo social y en lo emocional.

2) ELEVAR MI NIVEL DE CONSCIENCIA PARA PASAR DE LA MENTE INFERIOR A LA MENTE SUPERIOR

Un gran empresario decidió enfocar su energía en la parte espiritual entregándose a la meditación y ayudando a muchas personas a encontrar su camino con talleres y enseñanzas que plasmó en un libro muy interesante. Llegó a su entrenamiento por su gran apertura de seguir aprendiendo y, después de sus sesiones, platicábamos por horas sobre lo importante de aprender a diferenciar entre la base material y la base espiritual y, sobre todo, saber alinearlas, ya que una vida sin lo espiritual no te sabe a nada, y en una vida sin dinero te será difícil encontrar la comida que quieres saborear. Él es un extraordinario guía espiritual, así como un prominente empresario y yo, aprendo mucho de mis clientes. Saber que un negocio de cualquier tipo puede tener intenciones nobles, libres y con un alto nivel de conciencia donde los líderes están dispuestos a superarse, me llena de entusiasmo.

La mente… tanto he compartido contigo al respecto porque no termino de maravillarme acerca de la capacidad que tiene nuestro sistema nervioso de ser consciente de sus propios procesos, además de que asombrosamente es consciente también, de su propia existencia, de su capacidad de decisión, responsable del entendimiento, de la creación de pensamientos y del control entre nuestro ser espiritual y el entorno en el que nos desenvolvemos.

Me gustaría diferenciar la mente en dos visiones. La primera, la conciencia inferior (conciencia de la mente), la que está completamente atada a los instintos o pulsiones que tenemos los seres humanos sobre la supervivencia, la reproducción y la colaboración; como ya vimos, instintos basados en el miedo, que nos permiten asegurar la preservación de nuestra especie. La segunda, conciencia superior o conciencia del espíritu. Una de las grandes oportunidades que tenemos como seres humanos es el poder elevar nuestro nivel de conciencia para empezar a pensar en función del amor, desde una motivación ética donde podemos autodirigir nuestro propio destino y modelar nuestro propio desarrollo, transformando el instinto de supervivencia (que es la sensación de parálisis —en el enfoque—, la necesidad de huir por problemas —en la voluntad—, y ese impulso de atacar —en la disciplina—),para poder solucionar cualquier conflicto.

De la parálisis al enfoque

Una característica de las personas con una interpretación de injusticia y/o indiferencia es que analizan o piensan tanto, que terminan por paralizarse a la hora de tomar una decisión difícil.

En una ocasión, me tocó atender a una señora que se enfocaba tanto en sus defectos que no alcanzaba a ver sus propias fortalezas. Empezamos a trabajar en su infancia y, poco a poco, se dio cuenta del miedo paralizante al sentirse continuamente juzgada; cuando encontró la raíz de su conflicto en una de sus sesiones, perdonó por completo a su padre al entender que su interpretación de injusticia fue sólo una circunstancia de la realidad que estaba viviendo en ese momento, pero que no siempre fue así su padre. Cuando resuelve ese conflicto interior se empieza a dar cuenta que su gran habilidad era el enfoque con el que podía hacer las cosas cuando no se sentía juzgada y, eso, hizo toda la diferencia en su vida olvidando la injusticia o el juicio para enfocarse ahora en su gran habilidad: el «enfoque», (válgase la redundancia).

Cuando compartí contigo los sistemas de reacción, hice mención de la parálisis, ¿recuerdas?, misma que hace su aparición al momento en que se unen la ira y el miedo, lo que ocasiona que nos sintamos paralizados, como en blanco, sin poder pensar con claridad y con una capacidad de decisión seriamente afectada. Este sistema de reacción puede ser de tres formas: física, emocional o racional. Es importante recordar que hoy día, en nosotros, seres humanos, esas reacciones han estado guardadas en el subconsciente durante las herencias familiares que hemos adquirido, por las historias de nuestros antepasados y lo que aconteció y experimentamos en nuestra primera infancia hasta los 7 años, en consecuencia, todas esas emociones y reacciones están sesgadas completamente por nuestras interpretaciones.

Lo que tenemos que hacer a partir de este momento, es cambiar esa sensación de miedo y transformarla por una motivación ética que nos lleve hacia el amor. ¿Cómo? A través del enfoque que contrarresta la parálisis. Es decir, la otra cara de la moneda es la capacidad de mantenerte en ese pensamiento o tema por espacios prolongados.

Cuando logramos enfocar nuestro pensamiento, nuestras acciones y nuestra atención continua y constante, podremos dirigirnos a la tarea para la que estamos encomendados. No habrá distracciones ni caeremos en ninguna trampa que la mente nos ponga a la vista, en ninguna discusión, en ninguna circunstancia que nos haga perder el rumbo.

Cuando empezamos a tranquilizar y a entrenar nuestra mente podremos evitar que genere situaciones o peligros imaginarios. *«Entrenar tu mente es el secreto para que adquieras el enfoque que necesitas para lograrlo».* ¡Aprende a meditar y a pensar siempre en positivo! Tienes que considerar los beneficios que te va a generar la acción diaria y los pequeños pasos hacia lo que quieras lograr.

De la huida a la voluntad

También existen personas que tienden a huir. Principalmente aquellos con interpretaciones de rechazo o abandono, y la huida se manifiesta en dejar las cosas sin terminar o vivir una vida superficial, porque se vive con la convicción de que lo van a dejar en algún momento.

Así llegó una mujer, con una fuerte interpretación de abandono, que inició sus sesiones por problemas con su pareja; donde ella decide huir para no sufrir, sin embargo, en realidad no se estaba dando cuenta que lo que estaba haciendo, inconscientemente, era ponerse en posición de víctima para reafirmar que la habían abandonado, y eso lo había hecho ya varias veces. Terminando las sesiones había cambiado radicalmente su vida y su actitud, sus palabras fueron: «*Me comportaba como una niña berrinchuda, tirándome al suelo para que me levantaran, pero nunca me funcionó porque siempre me dejaban en el suelo porque era insoportable, sin embargo, siempre me levantaba y sacaba fuerza de no sé donde para demostrarles, primero a mis papás, y luego a mis exparejas, que yo podía sola. ¡Ya no más!, Ahora sé que esa fuerza interior se llama voluntad y la puedo ocupar para vivir la vida que deseo sin sufrimientos inventados*».

Normalmente, huimos cuando no sentimos apoyo de la gente con la que convivimos, cuando sentimos temor debido a ello.

Es una sensación que se queda guardada en nuestra mente desde que somos niños, debido a que el soporte emocional de aquellas personas a las que necesitábamos en un momento en particular no estuvo presente, no se hizo sentir y perdimos seguridad. Pero si transformamos ese miedo al abandono en una motivación ética del amor, ese sentimiento de no ser apoyados se volverá una sensación de fortaleza interna, porque ese apoyo que necesitamos viene desde nuestro interior, de nuestra alma, lo cual nos permite reconocerlo como voluntad. Por lo tanto, ejercitar nuestra voluntad o ejercer el servicio que nos brinda la misma, es una de las mayores virtudes que tenemos como seres humanos, gracias a la capacidad que tiene nuestro cerebro para poder dirigir su propio destino.

Así es que, si tú deseas ejercitar la voluntad, simplemente tienes que aprender a respirar. Respira y concéntrate en tus sentidos y latidos de tu corazón, en tu respiración. Cuando tú logres tener esta fuerza interior, cuando estés consciente de la capacidad que tienes para lograr cualquier cosa que te propongas, usa esa fuerza, utilízala para actuar y lograr todas tus metas.

Del ataque a la disciplina

Se dice que cuando falta voluntad puedes utilizar la disciplina y esta habilidad, normalmente la tienen aquellos que tienen una interpretación de traición o humillación.

Una vez, llegó una persona con una personalidad súper fuerte e intensa, que uno diría que todo lo hacía con valentía y voluntad, sin embargo, lo conocí por un problema que tenía en su negocio ocasionado por su poca capacidad de delegar y de confiar en su equipo. Estaba cansado de dar órdenes y que nadie le hiciera caso o que le huyeran porque nadie se quería aventar la aburridora letanía de que lo hacían mal. En la consultoría que se le dio a la empresa logró detectar que sus procesos estaban bloqueados por él mismo y era tanta la frustración de querer hacer las cosas bien según él, que había mucho desorden. Tras las sesiones, bajó su tensión y dejó de pelear con todos, inició un proceso de orden y disciplina que logró darle la vuelta a sus conflictos cuando todos sabían qué hacer y bajo qué proceso, y sin la presión del regaño.

El ataque es una sensación producida por la combinación del sentimiento de perder algo y la ira porque algo no es o no se está dando de forma correcta o como lo deseamos. Por lo tanto, tenemos el impulso natural de defendernos o de atacar, ese instinto de defender un territorio o actuar para recuperar algo que estamos perdiendo. Cuando transformamos este sentimiento hacia una motivación ética del amor, ese mismo impulso y esa fuerza que tenemos para reclamar lo que hemos perdido o conseguir aquello que estamos buscando, se convierte en disciplina o autocontrol, ese poder de dirigir nuestra acción hacia algo en específico, una y otra vez, será lo que nos ayude a conseguir lo que deseamos o a resolver algo que tenemos inconcluso. Recuerda que la disciplina es un ejercicio diario para lograr tus propósitos.

Esa energía que te requiere el ataque, la puedes transmutar hacia la disciplina, a lo que quieres lograr y —esa energía ya entrenada—, te dará las mejores satisfacciones que son inimaginables de sentir. Aprender a dirigir tus acciones con consciencia es la contraparte del ataque y le llamamos disciplina o autocontrol. En lo que sea que quieras hacer, ten disciplina para que no te desvíes de tu propósito.

3) VIVIR PLENAMENTE PASANDO DEL MIEDO AL AMOR

> *«A veces, la revelación divina simplemente significa*
> *conseguir que tu cerebro oiga lo que tu corazón ya sabe».*
> —DAN BROWN

Es muy fácil leer o que te digan lo que tienes que hacer, pero no es tan fácil que tu mente subconsciente aprenda a la primera, o que reaccione como tú desees cuando estás bajo presión y con miles de situaciones encima; primero, porque el cuerpo actúa como muy independiente a nuestros pensamientos y segundo, porque se pone más difícil la cosa cuando algo nos da miedo.

Un joven que llegó a consulta con mucha ansiedad no podía creer los resultados; después de 3 sesiones, él me comentaba: *«parece magia, no me gustaba salir al centro comercial porque sentía que en cualquier momento me daría un ataque de ansiedad, pero ese día, me atreví a salir y conforme iba caminando, al principio tenía esa sensación de —me va a dar— pero conforme caminaba aparecía esa nueva voz diciéndome —Yo me hago cargo de ti— y así fue que comprendí que cuando me trato con amor, desaparece el miedo».*

Tu cerebro es un órgano que está preparado siempre para enfrentarse a cualquier circunstancia de peligro. Por lo tanto, está habilitado para observar las cosas negativas que pasan a tu alrededor, pero también, está dotado para que puedas cambiar y transformar esos pensamientos que, lejos de ayudarte, se interponen en tu camino, alejándote de la felicidad y el bienestar. Esa transformación, involucra cuestiones más positivas, a las cuales identificamos como «**cambiar la mentalidad del miedo al amor**». Es decir, tu cerebro, en la primera infancia que se considera desde el momento en que fuiste concebido y hasta los 7 años, creó 6 miedos primarios que te hicieron realizar interpretaciones erróneas al respecto de tu capacidad para llevar a cabo lo que sea que te propusieras, o propongas, con las cuales has vivido toda tu vida y te has reforzado la creencia de que en realidad no eres capaz. Pero ciertamente son conceptos erróneos que pueden modificarse, transformarse, ¿cómo?, enfrentándote, junto con tu mente, a una gran batalla, a un entrenamiento cuyo objetivo será eliminar los pensamientos negativos y permitir el movimiento hacia un pensamiento positivo: del miedo al amor. De esta manera vas a llevarla del sacrificio a la creatividad, del rechazo a la ejecución, del abandono a la socialización, del maltrato a la integración, de la injusticia al orden y de la traición a la competitividad. Interesante reto ¿cierto?

Interpretaciones (Colores)	Desvanece tus defectos (Consciencia)	Desarrolla tus virtudes (Práctica)
(Rojo) Indiferencia	Sacrificado	Creativo
(Naranja) Rechazo	Aislado	Meticuloso
(Amarillo) Abandono	Ansioso	Sociable
(Verde) Humillación	Resistente	Encantador
(Azul) Injusticia	Rígido	Ordenado
(Morado) Traición	Controlador	Valiente

Defectos y virtudes de tu configuración

Del sacrificio a la creatividad

Una mujer que vino a sesiones, ya había pasado por muchas decepciones amorosas, y es que parecía que no se daba cuenta que ella daba y daba todo, incluso mantenía económicamente a sus parejas esperando que algún día le dijeran, aunque sea, un «gracias». Cuando empezó su entrenamiento se dio cuenta que todo era una cuestión de valor; que ella no se estaba poniendo el valor que representaba para muchos y esto le pasaba incluso con su trabajo. Ella era tan creativa que siempre encontraba formas increíbles para salir de cualquier situación, sin embargo, como lo hacía para beneficiar a otros sin ponerse a ella como principal beneficiaria, la fórmula estaba rota, es decir, ganaba su cliente, el mercado, alguien más de su trabajo, pero ella no, y eso la colocaba siempre en una posición de desventaja. Con sus parejas le pasaba lo mismo, con tal de que el contexto estuviera agradable, ella perdía en la relación, hasta que se dio cuenta y pudo darle un giro completo a su vida.

La interpretación del sacrificio conlleva defectos que nos ponen en un escenario de «siempre querer anteponer cualquier cosa a nuestras necesidades», ya que creemos que requerimos ayudar a los demás, o salvarlos, para nosotros ser salvados.

Sin embargo, esta interpretación nos ha regalado la gran habilidad de ser creativos, ya que estamos expandiendo todas las posibilidades sensoriales que nos conectan con la intuición, esa voz interna o presentimiento que nos permite entender situaciones, pensamientos y sentimientos, tomar decisiones casi al instante y formar una mente completamente creativa y generadora de cientos de ideas para poder ayudar al mundo.

Indiferencia (rojo)
fortaleza
Creativo y servicial
debilidad
Sacrificado y disperso
oportunidad
Desarrollar proyectos creativos y prácticos
amenazas
Se desilusiona fácilmente cuando no es reconocido

FODA de la interpretación de la indiferencia

Del rechazo a la reparación

Un caso muy cercano a mí, después de mucho tiempo, decidió aceptar mi ayuda y empezó sus sesiones, pero no conmigo, sino con uno de mis discípulos. Esta persona estaba ya muy agobiada con todo lo que le pasaba en sus relaciones en la escuela, pareja, trabajo y familia. Todo parecía que estaba en su contra, en realidad ella misma se sentía rechazada por todos y se negaba la oportunidad de recibir las cosas buenas que la vida tenía para ella. De alguna manera se sentía culpable de muchas cosas y trataba de reparar o unir las relaciones rotas en donde ella estaba involucrada; la separación de sus padres, la separación de la relación con el novio, con sus amigos, con sus hermanos y medios hermanos, en fin, inconscientemente se sentía culpable y necesitaba o estar en involucrada en una relación irreconciliable para sentirse rechazada o en una relación donde sentía la carga de ser ella quien unía o desunía a las personas.

Cuando empezó a entender que el sentimiento de reparación no tenía que ver con la culpa, sino con una habilidad que se le desarrolló desde muy pequeña para reparar las cosas, se quedó con la habilidad de unir y reparar las cosas dejando afuera las falsas creencias que la hacían sentirse culpable Dejó atrás su vida llena de aquellos problemas que no eran de ella y empezó a aprovechar su gran habilidad.

La interpretación del rechazo —sea grande o pequeña— nos afecta, nos genera una sensación de no ser lo suficientemente valiosos para las personas, de ser diferentes y de no pertenecer a nuestra familia o grupo, de sentirnos excluidos, e incluso, de llevarnos a no atrevernos a intentar algo que deseamos, a infravalorarnos constantemente. El dolor que produce este tipo de situaciones se queda grabado en nuestra mente, y nos convierte en personas calladas, en individuos que estamos constantemente en la búsqueda de pequeños detalles que nos permitan desarrollar una gran habilidad para reparar las cosas, las situaciones. Por lo tanto, si esta es tu herida, tienes que aprovechar esta gran habilidad que tienes a tu favor y cambiar esa interpretación errónea de rechazo hacia la reparación.

Rechazo (naranja)
fortaleza
Detallista y minucioso
debilidad
Individualista y complejo
oportunidad
Reparar o crear proyectos complejos con gran detalle
amenazas
Es susceptible a la crítica y pierde oportunidades por sentir que lo pueden rechazar

FODA de la interpretación del rechazo

Del abandono a la socialización

En una ocasión una chica con una fuerte interpretación de abandono llegó a consulta, me explicaba que todo lo dejaba a medias, pero que estas sesiones sí las quería terminar porque estaba cansada de sentirse sola y sin apoyo; su vida había sido muy difícil y quería dejar de soltar las cosas. Recuerdo que en la primera sesión le platiqué de su configuración y que existía un sentimiento de abandono que le impedía entablar relaciones profundas porque ella partía de que la iban a abandonar y, que por eso, cuando no se siente apoyada por su jefe, pareja o quién sea, abandona los proyectos. Ella era una excelente vendedora y tenía amigas por todas partes, la mayoría de sus amigas la tenían en una muy buena estima y estaban siempre dispuestas a apoyarla. Cuando se empieza a dar cuenta de todas las personas que estaban a su lado y de todo el apoyo que había recibido a lo largo de su vida, empezó a abrir su corazón a algunas personas que siempre habían estado a su lado, olvidando por completo la historia de que siempre había estado sola. Su historia era que se había quedado huérfana de muy pequeña, pero siempre estuvieron para ella sus abuelos, muchos de sus tíos y primos, así como muchos amigos que la han acompañado desde el kínder a lo largo de su vida; sólo que ella insistía en su sentimiento de abandono; cuando quitó ese pensamiento de su mente empezó a ver su verdadera realidad acompañada de personas maravillas y, ahora, así es la vida para ella.

La interpretación del abandono, esa sensación de no ser apoyados, esas emociones que responden únicamente a la percepción que tenemos de las cosas y de las personas, nos lleva —si lo vemos de forma positiva— a grandes ventajas. Esa habilidad que se desarrolla por la necesidad de no sentirte solo genera para uno la capacidad de crear y reunir cientos de amistades, una gran cantidad de personas que te rodeen y te apoyen, sin que tú los puedas detectar, logrando desarrollar la capacidad de la socialización. Si es así, aprovecha, porque tienes el talento de crear grandes grupos, vender, socializar, hacer grandes amistades y mantenerlas para toda la vida.

Abandono (amarillo)
fortaleza
Sociable y extrovertido
debilidad
Indeciso y codependiente
oportunidad
Coordinar equipos de trabajo eficientemente
amenazas
Puede abandonar proyectos si siente que no tiene apoyo

FODA de la interpretación del abandono

Del maltrato a la integración

Me toco atender a una chica que fue muy maltratada de pequeña por acoso escolar y sus padres, en lugar de atender esa situación en la escuela, no le creyeron y reafirmaban que ella tenía que adaptarse al colegio y a sus compañeros, que si le agredían, ella tenía que responder para ganar respeto, cosa que nunca dio buen resultado porque los agravios fueron cada vez más fuertes. En sus relaciones de pareja, adivinen cómo eran sus personas preferidas, efectivamente, novios que la maltrataban y humillaban constantemente.

Las interpretaciones de maltrato que se hicieron en tu infancia, ocasionan en el presente que, normalmente y en continuas ocasiones, te encuentres inmerso en problemas sin haberlos deseado o que, por el contrario, seas tú mismo quien se haya puesto en situaciones de conflicto, ya que con seguridad, en el entorno donde vivías experimentaste insultos, agresiones o, simplemente, y sin darte cuenta, provocabas que te insultaran para sentirte querido o amado, ya que lo vivido te acostumbró a ver las situaciones de esa manera. Por lo tanto, creaste la habilidad de ser encantador; esa capacidad de caerle bien a las personas, de poder socializar, de crear valiosas amistades ha sido tu gran fortaleza. Eres un ser con grandes rasgos positivos que no aprovechas. Así es que hoy, puedes cambiar esa sensación de sentirte agredido y crecer tu personalidad con la firme convicción de inclinar tu balanza hacia el lado de tus fortalezas y mantener siempre el equilibrio de tus actitudes positivas según sean las circunstancias en las que te encuentres, y también, ser capaz de superar las debilidades hasta lograr que la afectación que causen en ti, sean mínimas. Recuerda que tu mayor capacidad es ser encantador y poder generar vínculos profundos con personas importantes.

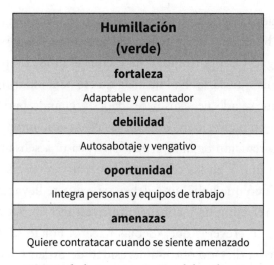

Humillación (verde)
fortaleza
Adaptable y encantador
debilidad
Autosabotaje y vengativo
oportunidad
Integra personas y equipos de trabajo
amenazas
Quiere contratacar cuando se siente amenazado

FODA de la interpretación del maltrato

De la injusticia al orden

Una de las interpretaciones más comunes en México es la de la injusticia, así que hemos entrenado a muchas personas con estas características, dentro de ellos a varios empresarios y directivos en empresas. Recuerdo a una persona en especial cuya vida laboral era muy buena, una mujer exitosa económicamente, pero con un fuerte vacío en el hogar. Decidió no tener hijos y, después de su segundo divorcio, ya no quiso involucrarse con nadie más. De cierta manera estaba enojada con la vida y tenía una gran confusión entre el deber ser que le había impuesto la sociedad de tener un «hogar feliz», y lo que había adaptado en su vida con sus mascotas reafirmando con sus padres que ella estaba en lo correcto y que se le hacía injusto que la juzgaran por estar sola, ya que ella le había demostrado a su padre que podía ser independiente como él se lo exigía a sus hermanos, pero no a ella.

El gran aprendizaje de mi cliente, y lo que hizo la diferencia, fue que, con su gran capacidad de planeación logró observarse a sí misma y ordenar sus ideas. Lo primero que se dio cuenta es que ella tenía un enojo con su padre porque les exigía a sus hermanos hombres el éxito económico desde niños y ella lo interpretó como injusto provocando una herida de la infancia que haría que todo lo viera como un reto por parte de los hombres o de las figuras de autoridad, sin darse cuenta que se había negado la oportunidad de recibir el amor de papá como él creía que tenía que darlo. La injusticia quiere acomodar todo bajo una estructura que se adecue a sus necesidades y, cuando pudo entender la necesidad de su padre, logró ordenar las cosas con amor.

La interpretación de la injusticia provoca una sensación de juicio continuo en uno y en las reglas o comparativas en las que, para tu mente, significó que había un «deber ser» que te llevaba a la obligación de querer cumplir y cubrir lo que te fuera impuesto, o lo que simplemente tú creyeras que «debías hacer». Por lo tanto, esa interpretación, te ha dictado que esa necesidad de orden y secuencia debe a toda costa ser cumplida, para que de esa manera, tu mente pueda estar tranquila. Así, esa interpretación que hiciste de justicia te ha dado la gran oportunidad y habilidad de ser ordenado, secuencial y, sobre todo, perseverante. ¡Aprovéchala! ¡Úsala a tu favor!

Injusticia
(azul)
fortaleza
Perseverante y ordenado
debilidad
Rigidez y el castigo
oportunidad
Coordinar equipos de trabajo eficientemente
amenazas
Puede ser insensible cuando actúa por el deber ser

FODA de la interpretación de la injusticia

De la traición a la competitividad

El tener la razón genera placer, libera dopamina en nuestro organismo provocando una adicción a «ganar». En una ocasión llegó una pareja a consulta, me preguntaron si daba terapia de pareja y les contesté *que no*, que sólo podía ayudarlos a entrenar su mente para que vieran con mayor claridad lo que estaba pasando en cada uno de ellos y pudieran transformar las reacciones impulsivas que estaban terminando con su relación. De cierta manera, los dos tenían en sí una interpretación de traición y eso hacía que siempre quisieran tener la razón y que reafirmaran la creencia de que uno estaba traicionando al otro. Parecía que estaban buscando un referí en lugar de una solución profunda a su conflicto. Accedieron al entrenamiento, primero ella porque ya no quería seguir viviendo en esa situación, él tardó un poco más ya que, como buen «morado» era muy desconfiado, pero al ver los cambios que surgieron en su pareja decidió también tomar su entrenamiento. En su infancia los dos habían sufrido desilusiones por parte del padre por engaños dentro de la familia y también habían vivido muchas peleas de sus padres, sin embargo, sin darse cuenta, estaban encaminados a repetir el mismo camino. A cada uno de ellos le afectó de forma diferente, pero caían en el mismo error de lastimarse tanto que podrían terminar en una traición. Tanto ella como él estaban pensando en darse escapadas en la relación para encontrar una cierta satisfacción secundaria, quizá la diferencia era que ella sólo lo pensaba y le agradaba que pudiera ser atractiva para otras personas, pero él, tenía que dar el paso y lograr que la otra persona aceptara sus halagos para sentirse un conquistador efectivo, afirmando el sentido de «ganar». En sus grandes aprendizajes, que afortunadamente se presentaron en las primeras sesiones, se dieron cuenta que, como los habían engañado de pequeños tenían que desconfiar de todos, por lo tanto, necesitaban tomar el control de las cosas y de las personas para influir en sus decisiones y así evitar el dolor de la traición, pero si no lo lograban, reafirmaban la creencia de que todos son iguales y ellos siempre serían traicionados. Esta creencia les permitió lograr grandes habilidades, pero también crea muchos defectos que necesitaban quitar como: los de la traición, el dejar de tener la razón para controlar, el desconfiar, traicionar y agredir, entre otros, y mejor ocupar la habilidad desarrollada de la competitividad para crecer. Así es que decidieron competir en cómo ser mejor pareja comparándose con ellos mismos, y mejorar.

La interpretación de la traición ha ocasionado que no se desee experimentar nuevamente los efectos negativos de una desilusión o traición que se haya sufrido con anterioridad, por lo que tu mente actúa y te lleva a crear miles de escenarios para que tengas el control de la situación. Eso te ha dado grandes ventajas, porque tienes innumerables maneras de solucionar cualquier problema que se te presente, ya que esa interpretación logró crear en ti la gran habilidad de hacer que las cosas sucedan y, sobre todo, el poder lograr siempre todo lo que te propones, ya que no es agradable para ti la experiencia de la desilusión. Entonces, lo que deseo recomendarte, es que aproveches esta habilidad o don que se ha generado en ti y dejes de lado la desconfianza o el sentimiento de volver a ser lastimado emocionalmente. ¡Confía en ti!

Traición (morado)
fortaleza
Valiente y audaz
debilidad
Controlador y atrabancado
oportunidad
Hacer que las cosas sucedan
amenazas
Ser traicionado por exceso de control

FODA de la interpretación de la traición

RESUMIENDO

Para poder transformar tu vida, moldear tu mente y dirigir tu destino, la única solución es <<*entrenando tu mente*>>, lo que significa, trabajar las áreas del cerebro que controlan tus pensamientos, esas áreas ligadas a los cerebros más remotos que tenemos, como son el sistema central, conformado por el cerebro y la médula espinal —los motores que controlan las funciones de tu cuerpo—, y el sistema límbico, esas estructuras en el cerebro que dirigen tus emociones y comportamiento.

Tenemos que desarrollar a partir de la corteza cerebral, otras capacidades que tiene el cerebro para poder dirigir y moldear nuestra vida. Así podremos cambiar de esa sensación de dependencia a la independencia, de una sensación de miedo a una de creación para así, transformar uno a uno, los miedos al amor.

Eso quiere decir que las interpretaciones que hiciste en tu primera infancia al sentir que sólo por medio de ellas lograrías sobrevivir, las tienes que transformar completamente para desarrollar tus mejores habilidades, tus fortalezas, tus capacidades y la forma de desenvolverte ante la vida, para poder lograr los objetivos que te pongas. Y, por último, tienes que llevar a cabo un cambio total llevando tu conciencia inferior a tu conciencia superior, es decir, toda la capacidad de tu mente hacia la creación de tu propia divinidad, de tu propia función como humano, sin olvidar que estás diseñado para ayudar a la humanidad entera a que se desarrolle en plenitud.

Así es que la paz, el amor y la felicidad, serán los condimentos básicos para que tú puedas dirigir tu vida hacia esos conceptos.

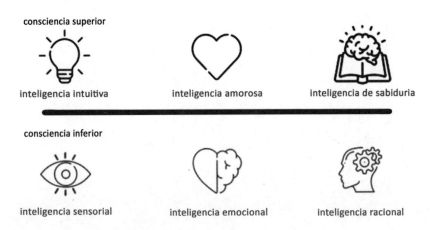

consciencia superior

inteligencia intuitiva   inteligencia amorosa   inteligencia de sabiduria

consciencia inferior

inteligencia sensorial   inteligencia emocional   inteligencia racional

Inteligencia inferior y superior

QUÉ SIGUE EN NUESTRA RELACIÓN

«Una persona debe fijar sus objetivos cuanto antes
y dedicar toda su energía y talento a ellos».

—WALT DISNEY

Mi vida ha cambiado por completo, a mis 50 años, en este momento en que estoy escribiendo estas líneas, agradezco todo lo aprendido en este largo camino y, lo que puedo concluir de todo esto, es que quiero seguir evolucionando, quiero seguir creciendo y ser mejor persona para mí mismo, para mi esposa, para mis hijas y para todos los que me conocen y pueda conocer. Mi única ilusión es que, cuando nos volvamos a encontrar, pueda agregar más cosas a tu vida. Mi pregunta eterna será: *¿Qué necesito hacer para ser mejor que antes?*

Para querer llegar a algún lugar, necesitas tener un punto de partida y un punto de llegada o punto final. Ese punto de partida va a ser básico y de suma importancia para que puedas plantearte objetivamente lo que quieres transformar. Por lo tanto, debes tener muy claros tres puntos básicos: tu etapa de vida, tus sistemas de reacción y tu configuración. Cuando logres comprender e identificar en qué etapa te encuentras, la forma en cómo sueles reaccionar —identificando si ello sabotea tu vida —, y tener clara la configuración que te describe —así como las fortalezas que posees y puedes aprovechar—, es, hasta ese momento, en el que vas a tener la claridad para crear una ruta para poder transformar tu vida.

Tres variables de la conducta humana

Lo más complicado de este proceso es que la transformación tiene que ser verdaderamente profunda y, si tomamos en cuenta que nuestro cerebro tiene su propio desarrollo, entonces entenderás que es un proceso que nunca termina, por lo tanto, tendrás que conocerlo a profundidad para desarrollar una vida plena.

Todas las personas que llegan a consulta, primero llenan un diagnóstico y, la impresión que se llevan con nuestra herramienta es increíble, *¿cómo con tan poquitas preguntas pueden saber tanto de mí?*

Recuerdo a una persona que, con el simple hecho de entender su diagnóstico, empezó a transformar radicalmente su vida. Esta persona estaba atravesando por una situación muy complicada para ella, estaba pasando por su tercer divorcio y no sabía por qué atraía el mismo patrón de relaciones en su vida, todos la habían engañado y la ruptura, casualmente, pasaba entre los 7 u 8 años de cada matrimonio.

Lo primero que se observó en su diagnóstico es que en sus diferentes etapas de vida existía un patrón en sus relaciones, ya que sus divorcios habían sido a los 29, 36 y el actual a los 44 años. La pregunta obligada era: *¿qué había vivido entre los 21-23?*, y la respuesta fue vivir el mismo patrón con su primer novio, lo que indicaba que, entre los 15-16, 8-9 y 0-2 años, también pasó algo relacionado a una interpretación de indiferencia en su infancia ya que su configuración marcaba un fuerte componente rojo con un poco de azul.

La última pregunta que le hice fue: *¿qué había pasado en su nacimiento?,* ya que había aparecido un rojo muy predominante en su configuración, y este tipo de personalidades son muy sacrificados, viven para los demás y sienten crisis de identidad muy seguido por no sentirse valorados. Ahí fue cuando le cayó el veinte como un rayo y se dio cuenta del error que estaba cometiendo a lo largo de su vida. Se percató que en su personalidad siempre está tratando de agradar a los demás sin tomarse en cuenta a ella, confesó que se sentía ignorada por su padre, pese a que intentaba agradarle de todas formas: calificaciones, obediencia, arreglo personal, etc., pero su padre presentaba una personalidad arrogante, fuerte, controladora y un poco machista a sus ojos, (morado) y cuando tenía 15 años se enteró, por su mamá, que su padre le había sido infiel y que esa era la razón por la que sus padres llevaban una relación de conveniencia ya que su madre no se sentía con la capacidad de ser autosuficiente por lo que prefería aguantarse en esa relación.

Fue tanto el impacto que tuvo la lectura de su diagnóstico que decidió cambiar el rumbo de su vida, se dio cuenta que estaba tratando de agradar a su papá en todas sus relaciones, y en ese momento decidió cortar con su pareja ya que estaba aletargando un proyecto que le apasionaba porque su novio era muy demandante y no le permitía atender su negocio. Decidió entrenar su mente y se prometió enfocarse a crear una vida más plena para ella, no para sus parejas y que, si decidía tener una nueva relación, sería para compartir su felicidad sin depender de si le agradaba o no a su pareja, incluso, su futra pareja también tendría que ser feliz e independiente.

Cuatro fueron las acciones que tomó a partir de ese momento:

1. Identificó su situación actual sin culpas.

2. Entrenó su mente subconsciente para crear nuevos caminos neuronales.
3. Se quedó con herramientas que le ayudaran a mantenerse enfocada.
4. Trazó un camino claro para vivirlo flexiblemente y disfrutarlo.

LOS CUATRO PASOS PARA CONSTRUIR TU PLAN DE VIDA

1) DEL PUNTO «A» AL PUNTO «B»

Identifica tu etapa de vida

Me tocó darle asesoría a una empresa donde se creía que ya no había forma de motivar a los empleados con nada más, que por más que hacían fiestas y les daban reconocimientos ya no los movían de su zona ni los inspiraban a mejorar. Cuando hicimos el diagnóstico nos dimos cuenta que la mayoría de las personas estaban en una etapa de vida donde la motivación era más social o bajo una perspectiva colectiva en el área profesional, es decir entre los 35 y 42 años de edad, por lo tanto, el reconocimiento otorgado por la compañía ya no era relevante y necesitaban, más bien, de un reconocimiento externo, por lo que se decidió gastar un presupuesto asignado para las personas que alcanzaran su meta y se le pedía a su pareja o a un familiar que invitara a padres, hijos y amigos importantes del colaborador a una comida en un restaurante y ahí les llegaba una caja especial con un reconocimiento de la empresa por su labor y se leía en voz alta para todos sus invitados. Esos premios se empezaron a hacer famosos en la organización y los resultados de productividad y compromiso en la empresa fueron extraordinarios.

* * *

Para poder entender tu etapa de vida, quiero que realices un pequeño ejercicio. Primeramente, te pido que identifiques la etapa en la que te encuentras considerando para ello, tu edad. Puedes utilizar la siguiente tabla como referencia para que te sea sencillo ubicarla.

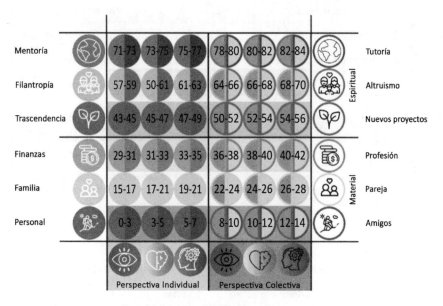

Ejercicio de desarrollo humano

Ahora, en una hoja de papel, toma nota con respecto de las respuestas que des a las siguientes preguntas:

¿Cuáles son las motivaciones que hoy día, internamente, tienes para lograr tus objetivos?
¿Qué estás haciendo para lograrlos?

Si al revisar tus respuestas, identificas que existe una discrepancia entre lo que estás haciendo, contra lo que dice y dicta tu naturaleza humana, detente unos minutos y date cuenta de que ahí hay una primera situación que tienes que atender, ya sea aceptando que no vas a estar en esa etapa de vida, o redirigiendo tu camino para poder establecer esa ruta que tiene tu biología, así como las metas que está planteando tu propia mente.

A continuación, te dejo un resumen de los capítulos anteriores, que te servirán como referencia para realizar con facilidad este ejercicio.

	Identidad	Edad	Intención
Enfoque material	Identidad individual	0 - 14	Amigos - hábitos sanos de vida
	Identidad social	15 - 28	Pareja - Responsabilidad
	Identidad cultural	29 - 42	Profesión – Economía

	Identidad	Edad	Intención
Enfoque espiritual	Identidad trascendencia	43- 56	Nuevos proyectos - creatividad
	Identidad altruismo	57 - 70	Filantropía – amor sutil
	Identidad mentoría	71 - 84	Tutoría - sabiduría

Etapas del desarrollo humano

		Visión interna		Visión externa
	Edad	**Pensamiento**	**Edad**	**Pensamiento**
Enfoque material	0 - 7	Yo soy yo	8 - 14	Yo soy diferente
	15 - 21	Amor hedonista	22 - 28	Amor mercantilista
	29 - 35	Éxitos personales	36 - 42	Éxitos sociales

		Visión interna		Visión externa
	Edad	**Pensamiento**	**Edad**	**Pensamiento**
Enfoque material	43-49	Yo creo para mí	50-56	Yo creo para todos
	57-63	Amor maduro	64-70	Amor universal
	71-77	Frutos directos	78-84	Frutos indirectos

Diferentes visiones del desarrollo humano

Identifica tu sistema de reacción

Si me preguntas *cuál es la clave para el cambio*, es este pequeño detalle, *cómo reaccionas ante la adversidad: atacando, huyendo o paralizándote;* cuando logres escoger la reacción adecuada en el momento adecuado ya lo lograste. Esto fue una de las respuestas que entendió uno de mis clientes favoritos ya que me manda a muchos de sus líderes a entrenarse con nosotros.

Tu sistema de reacción es lo que normalmente sabotea tu desarrollo. Casi siempre, las personas con configuración en colores rojo y azul logran paralizarse de inmediato, es decir, los que tienen esa sensación de ser sacrificados o ser injustamente tratados, son los primeros que tienen este tipo de reacción. Posteriormente, se encuentra la situación de huida de las personas que coinciden con una configuración naranja o amarilla, es decir, con un sentimiento de rechazo o abandono. Ellos, normalmente tienden a huir como reacción espontánea, ya sea física o emocionalmente y, por último, aquellos individuos que tienen una interpretación de maltrato o de traición, es decir, de configuración verde o morado; ellos, normalmente, en su sistema de reacción tienden a atacar impulsivamente cuando perciben que son superiores al adversario.

Con lo anteriormente señalado, es cómo podrás identificar cuál es tu sistema de reacción automático, con el cual ya te has saboteado muchas veces en tu vida. Recuerda que nuestras configuraciones son la suma de muchas interpretaciones que tenemos, pero normalmente, reaccionamos ante las circunstancias con alguna de estas tres que aparecen en la ilustración que sigue. Revisa en tu caso, cuál es la primera o la que más te ha metido en problemas.

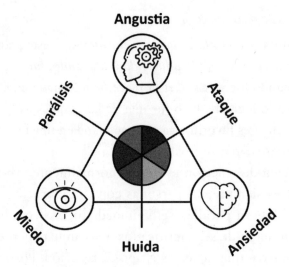

Sistema de reacción automática

Identifica tu configuración

¿Por qué sabes tanto de mí con tan sólo 6 preguntas?, me preguntan cuando interpreto sus diagnósticos, como ya te había comentado, pero ahora tú también entenderás que lo que se desarrolló en tu infancia determinó mucho de tus conductas y que, al conocer tus miedos primarios podrás entender tu reacción automática.

Repasemos, una configuración es la suma de varias interpretaciones que se crearon en nuestra primera infancia desde el momento de nuestro nacimiento y hasta los 7 años, a través de nuestros miedos primarios. Revisa en los capítulos anteriores, cuál es la configuración con la que crees coincidir de acuerdo con tus reacciones inconscientes y anótala en tu hoja de papel, después de las respuestas del primer ejercicio que realizaste. Cuando identifiques una, dos o tres reacciones que te han influenciado durante mucho tiempo, estarás entonces, frente a tu configuración.

También puedes ingresar a esta liga y realizarlo por tu cuenta: https://naturalezahumana.com.mx/test

Tipo de interpretación	Virtud de la interpretación	Reacción y dolor	Carácter	Emoción adictiva	Detonante emocional
Sensorial	Creativo (rojo)	Sacrificio / Indiferencia	Se siente ignorado, no se siente valioso, primero están los demás, quiere salvar al mudo y se deja hasta el último.	Sacrificio o salvación	miedo
	Detallista (naranja)	Aislado / Rechazo	Se siente aislado, es susceptible, huye de quien lo ama, busca la perfección, quiere pasar desapercibido, es intelectual, rechaza sus cualidades y derechos.	Miedo o temor	culpa
Emocional	Sociable (amarillo)	Ansioso / Abandono	Come mucho o poco, miedo al abandono, tiene la creencia de no poder hacer las cosas, es dependiente, siempre pide ayuda para tomar decisiones, exige atención, ama el sufrimiento, teme a la autoridad y dramatiza los problemas.	Sufrimiento y ansiedad	sufrimiento
	Encantador (verde)	Resistente / Maltrato	Se crea una máscara de masoquismo, es abusado por los demás, hace las cosas lentas o torpes para que lo apresuren o insulten, no se ayuda a sí mismo.	Vergüenza y enojo	vergüenza
Racionales	Ordenado (azul)	Rígido / Injusticia	Es rígido, su enfoque es negro o blanco, es muy ordenado y compulsivo, es autoexigente y perfeccionista, busca una imagen de ser bueno, es duro consigo y con los demás y siempre está presionado con el tiempo y el deber ser.	Ira y desesperación	mentiras
	Valiente (morado)	Controlador / Traición	Siempre quiere tener la razón, compara, busca a quien proteger, es controlador, se pone a la defensiva, no confía y evita confrontaciones directas.	Control y angustia	expectativas

Resumen de las configuraciones

Ya que has llegado hasta aquí, tienes la oportunidad de realizar un diagnóstico de forma gratuita que revelará tu configuración, etapa de vida y sistemas de reacción de las cuales tanto hemos hablado. https:// naturalezahumana.com.mx/test, siempre está la opción —muy recomendable— de que te acerques con un entrenador de la mente de Naturaleza Humana para que te oriente en tus resultados aprovechando su experiencia.

Aquí puedes seleccionar los elementos que necesitas para identificar tu punto de partida y lo que puedes transformar entrenando tu mente.

Etapa de vida	Interpretaciones	Defecto por desvanecer	Fortaleza por desarrollar	Habilidad por capitalizar El don de ...	Sistemas de reacción con estrés / sin estrés
0 – 14 Personal - Amigos	Indiferencia (rojo)	Sacrificado	Creativo	Ayudar	Parálisis / Enfoque
15 – 28 Pareja - Familia	Rechazo (naranja)	Aislado	Meticuloso	Reparar	Huida / Voluntad
29 – 42 Profesión - Finanzas	Abandono (amarillo)	Ansioso	Sociable	Apoyar	Huida / Voluntad
43 – 56 Nuevos Proyectos - Trascendencia	Humillación (verde)	Resistente	Encantador	Contener	Ataque / Disciplina
57 – 70 Altruismo - Filantropía	Injusticia (azul)	Rígido	Ordenado	Ordenar	Parálisis / Enfoque
71 – 84... Tutoría - Mentoría	Traición (morado)	Controlador	Valiente	Dirigir	Ataque / Disciplina

Identifica tu etapa de vida y escoge uno o dos renglones con las interpretaciones con las que te identifiques más.

2) ENTRENA TU MENTE

*«Hay que entrenar la mente de la misma forma que hemos
aprendido a entrenar el cuerpo».*

—Elsa Punset

Así como vas al gimnasio para entrenar tu cuerpo, músculos y estar en mejor condición física, a tu cerebro también puedes entrenarlo con la neurociencia, cuyo objetivo principal es lograr entender cómo funciona el cerebro y dar las bases biológicas de la conducta del ser humano. El entrenamiento que te recomiendo que lleves a cabo, consiste en activar algunas áreas del cerebro de forma subconsciente e ir desvaneciendo otras que no te permiten ver de forma clara y positiva tu conciencia superior. Para ello, te comparto los pasos del <<*Entrenamiento de la mente*>> que desarrollamos en Naturaleza Humana, a través de diez sesiones.

Interpreta la información en tu cuerpo

Hoy día sabemos que el cerebro, a través de sus neuronas, envía información al resto del cuerpo, está comunicado con el mismo. En la actualidad, solamente se tienen estudios de los sistemas de coordinación entre el corazón y el cerebro o del estómago con el cerebro, pero también, desde muchos años atrás, se conoce que tenemos seis puntos energéticos que están distribuidos estratégicamente en nuestro cuerpo y que, además, están correlacionados con nuestras configuraciones que también crean una coordinación completa de nuestra existencia.

El primero se encuentra ubicado en los genitales, en la base de la columna el cual podemos percibir desde los pies. Este se encuentra relacionado con la configuración del sacrificio, es decir, el color rojo.

El segundo punto está localizado dos dedos por debajo del ombligo, en el vientre, ahí se encuentra concentrada la energía que está relacionada con las glándulas suprarrenales que se encargan de producir diferentes tipos de hormonas necesarias para mantenernos con vida.

Este punto está relacionado con el color naranja, que hace referencia a la sensación del rechazo.

El tercer punto energético se encuentra localizado por encima del ombligo sobre el estómago, específicamente en la boca del estómago, tiene que ver con el color amarillo que está relacionado con la interpretación del abandono.

El cuarto punto de energía se localiza en el timo y en el corazón, exactamente en el centro del pecho. Se le conoce como plexo solar, el cual está relacionado con la sensación de ser maltratado y en correspondencia con el color verde.

El quinto punto energético se encuentra en la zona de la laringe a la altura de la garganta, específicamente en la tiroides y paratiroides. Está directamente relacionado con la interpretación de la injusticia, a la cual asignamos el color azul que genera una energía muy especial para la prudencia.

El sexto y último punto de energía, está situado entre la zona del entrecejo y punto medio de nuestra cabeza, específicamente en la glándula pituitaria o glándula maestra, que se encarga de la regulación de la actividad de otras glándulas de nuestro cuerpo. Este punto tiene que ver con la configuración de la traición que está identificada con el color morado.

Cuando sabemos interpretar la información que habla desde nuestro cuerpo, lo cual solamente se logra cuando alcanzamos estados profundos de relajación, es como si utilizáramos un escáner sensorial, que puede entender e interpretar que la configuración que tienes está muy relacionada con la información y sensaciones que maneja tu organismo para poder empezar a comprenderte, aceptarte y lograr la calma para corregir cualquier interpretación que no se ajuste a la realidad que ahora deseas. No cabe duda de que el cuerpo es simplemente maravilloso, sabio y flexible para llevarlo hacia donde nosotros queramos, incluyendo a nuestra mente como principal conductor.

Y ya que esto generalmente se realiza con un guía (entrenador de la mente), intentaremos hacer este ejercicio con tu imaginación, pero para que tenga efecto necesito que te encuentres en un lugar tranquilo donde tu cuerpo y tu mente se sientan seguros, sin interrupción ni distracciones, para que tus vibraciones alfa y beta se activen especialmente. Quiero que pongas música para meditar con la que puedas generar un ambiente de armonía, quiero que tengas un cuaderno para escribir o dibujar y una pluma muy cerca de ti, porque haremos un escáner para identificar cuáles son las interpretaciones que reconoce tu cuerpo al poner atención plena en diferentes partes de este, y quiero que dibujes o escribas todo lo que sentiste. Técnicamente estamos entrenando la capacidad que tiene tu cuerpo de mandar información a tu mente lo que se llama interocepción.

Empezamos, concéntrate en tu respiración, quiero que te enfoques en respirar por la nariz, percibe cuando inhalas cómo sientes la frescura del aire al entrar a tus pulmones, cuenta 3 segundos, ahora retén tu respiración 3 segundos y trata de imaginar el latido de tu corazón, ahora, saca el aire lentamente por la nariz percibiendo la calidez del aire al salir contando mentalmente 5 segundos. Nuevamente inhala 3 segundos, retén 3 segundos y exhala 5 segundos. Continúa con este ritmo, primero contando en tu mente y, después, deja que tu cuerpo de forma automática se acostumbre a este ritmo, repite este ejercicio dos o tres veces.

Seguramente tu mente salió de concentración y estás pensando en otras cosas mientras estas en el ejercicio, pero quiero que sepas que es normal, se llama red por defecto y hoy sabemos que, casi el 60% de nuestro tiempo, surgen estos pensamiento espontáneos e ingobernables, incluso salen con una voz interior que te regaña o que te dice todos los «no puedes» que surgen en tu mente cuando intentas hacer algo. —Ya que de nuevo tengo tu atención— quiero que continúes con el ejercicio otra vez. Inhala en 3 segundos, retén el aire en 3 segundos y exhala en 5 segundos, todo por la nariz, percibe cómo entra aire fresco y sale más calientito. Empieza a leer más lento, en este momento tu cerebro está escuchando, con toda atención y concentración, tu voz y las imágenes dentro de tu cabeza aparecen por arte de magia. Imagina que cuando inhalas, pequeñas partículas de luz entran por todo tu cuerpo iluminando, llenando de luz y de amor cada célula, tejido, órgano en tu cuerpo. Manda esa luz a los músculos de tu cara, —recuerda leer lento— enfoca tu atención justo en la quijada donde se une tu mandíbula. Háblales mentalmente y diles que los liberas, que pueden descansar un poco de toda la presión del día. Siente cómo se relaja tu cara, además percibe cómo se contagian los músculos que están detrás de tus orejas, —respira profundo— y cuando sientas esa sensación de liberación, percibe cómo te agradecen los músculos de tu nuca y del cuero cabelludo. Ahora ya percibes la paz de tu respiración mientras inhalas, retienes y exhalas lentamente por la boca.

En este momento quiero que te imagines un rayo de luz que baja por la corona de cabeza y percibe cómo se siente tu cerebro, justo atrás de tus ojos, respira profundo cierra los ojos unos momentos y percibe si tienes alguna sensación, color, sentimiento o energía que te llame la atención. (Cierra los ojos, respira 3 segundos, retén 3 segundos y exhala 5 segundos, mientras pones atención plena a las reacciones de tu cerebro justo detrás de tus ojos, concéntrate ahí).

Perfecto, escribe o dibuja lo que sentiste en la cabeza, describe colores, sensaciones, emociones, percibe si la energía es intensa o es ligera.

Eso es, respira profundo y ahora baja esa energía a tu garganta, cierra los ojos y siente esa energía en tu garganta, inhala en 3, retén en 3, saca el aíre lentamente en 5 segundos mientras te concentras en las sensaciones y reacciones de tu garganta.

Abre los ojos y describe en tu libreta la sensación que tuviste en la garganta, ¿la sentiste tensa, cerrada, o sentías frescura y estaba relajada? ¿Percibías colores más claros, más obscuros o no había colores? Escríbelo o dibújalo en tu cuaderno.

Regresamos al ritmo de tu respiración inhalas 3, retienes 3, sacas el aire 5 segundos, listo eso es, —recuerda leer más lento— enfócate en tu respiración y, ahora, quiero que bajes esa energía a tu pecho, en medio de tu pecho a la altura de tu corazón, percibe tu pecho… cierra los ojos y respira al ritmo 3 - 3 - 5 y pon atención plena a esa parte del cuerpo, percibe si se expande esa energía o si se oprime el pecho, o si simplemente se va la energía y no la sientes. Cierra los ojos, percibe… y cuando estés listo abre los ojos y describe en tu cuaderno tu sentir.

Inhala, retén y exhala, dos o tres veces y ve bajando esa energía ahora justo a la boca del estómago, cierra los ojos e identifica cómo se siente esa zona, ¿es agradable, desagradable, hay un hueco, un remolino, se siente bien, se fue la energía? Cierra los ojos y lleva esa energía a la boca del estómago y cuando abras los ojos escribe o dibuja lo que sentiste.

Eso es, respira profundo y continua con el ejercicio, pon atención plena a las sensaciones de tu cuerpo incluso cuando tengas los ojos abiertos, continua con tu respiración, cierra los ojos y ve bajando esa energía poco a poco y siéntela justo por debajo del ombligo, cierra los ojos y percibe esa sensación, justo ahí, identifica cómo se siente esa energía, percibe si es una bolita de energía dura, si desapareció la energía o se hicieron más obscuros los colores, sólo percibe e interpreta la energía de cuerpo y escribe en tu cuaderno.

Por último, cierra tus ojos y baja la energía a tu bajo vientre muslos, pantorrillas y pies. Percibe ese recorrido y observa, la sensación en tus pies, ¿existe un sentimiento, color o energía en tus pies, o sentiste el recorrido del vientre a tus pies como una energía ondulante?, ¿desapareció la energía o sientes pesados los pies? Observa y descríbelo en tu cuaderno.

Ahora, cierra nuevamente los ojos y siente cómo esa energía es absorbida por la madre naturaleza, por el reino mineral, vegetal y animal. Esta energía se absorbe, se hace más grande, sube a lo alto, te envuelve, se llena de sabiduría y vuelve a bajar por la corona de tu cabeza, pasando por: frente, cuello, pecho, boca del estómago, vientre, bajo vientre, muslos, pantorrillas hasta llegar a los pies. Percibe cómo se conecta la energía del cielo a la tierra formando un túnel que los conecta, un vórtice que hace que bajen todas las bendiciones que están dispuestas para ti.

Repite este ejercicio 3 veces, para lograr colocar esta esfera de energía que te envuelve y baja por la corona de tu cabeza pasando por todo tú cuerpo, luz, amor, armonía, esperanza, certeza. Estás en el ciclo perfecto que tiene el universo para ti... disfrútalo. Inhala, retén y exhala.

Este ejercicio te va a ayudar a identificar cuáles son las interpretaciones que guarda tu inconsciente y que ahora puedes identificar en tu cuaderno. Cuando no percibas la energía o cuando esta sea desagradable u obscura, esa será una señal de dónde tienes que revisar tus heridas.

Escaner

Traición

Injusticia

Humillación

Abandono

Rechazo

Indiferencia

Es así como logramos interpretar la información que transmite tu cuerpo con respecto de los seis puntos energéticos que lo conforman y con ello, sabemos escuchar e identificar cuáles son las configuraciones y las necesidades a las cuales tienes que poner atención, trabajar y resolver. Es la punta de la lanza o lo primero que debes hacer.

Corrige las interpretaciones en tu infancia

Quiero enfatizar aquí lo determinante que es para tu transformación, corregir las interpretaciones en tu infancia debido a que, como recordarás, es en nuestras primeras etapas de vida que se configuran los 6 miedos primarios que nos acompañan hasta que somos adultos.

En las sesiones del método se hace ayudado por un entrenador de la mente de Naturaleza Humana, pero aquí, tras esta lectura, tú vas a comenzar a trabajar con esa interpretación, a entrenarte, le vas a solicitar a tu mente superior que le pida a tu mente inferior que recuerde aquel preciso momento en que hizo esa interpretación que cambió la forma en que ves las cosas para darle otra salida, sin sufrimiento, sin catarsis, sin juicios. El entrenamiento es maravilloso, ¡en verdad me apasiona y me emociona contarte acerca del mismo con tan sólo pensarlo!, así como me hace feliz todo lo que hago para ayudar a las personas. Bueno, regresando al tema, el mismo consiste en llevar a tu mente a que logre observar sin juicio, aquel miedo primario que desarrolló tu interpretación para que posteriormente, cree una nueva alternativa, transfiriendo todas las necesidades de reconocimiento, aceptación, apoyo, cariño, justicia y atención a tu verdadera esencia, que es nada más ni nada menos que —tu consciencia o tu verdadera esencia—, la cual no habías conocido ni entrenado para actuar sobre tu mente inferior. Cuando estés hablando desde tu verdadera esencia y puedas ir al rescate de ese niño, lo podrás llevar a vivir una nueva experiencia, pero ahora, resuelta con tus propios recursos. Ese niño va a comprender que puede madurar y que solamente él mismo, va a poder salir adelante sin necesidad de la dependencia de los demás.

Cuando logres hacer eso, automáticamente tu cerebro va a crear un nuevo camino neuronal, es decir, una nueva posibilidad para resolver aquel problema de la infancia que creó tu primera interpretación. De esta misma manera, vas a ir trabajando las interpretaciones que tuviste con tu padre, con tu madre y con el niño interior, y así poder sanar completamente todas las heridas de la infancia, de forma amorosa y contundente.

En esta segunda parte del método, debes corregir tus interpretaciones de la infancia, esos recuerdos que tienes guardados en el subconsciente, mismos a los que debes darles una nueva salida neuronal y crearle una nueva historia o camino neuronal. Por ponerte un ejemplo: cuando eras pequeño, en algún momento creíste que estabas en peligro y fortaleciste tus sistemas de reacción e interpretaciones, que no siempre se ajustan a la realidad que quieres crear. Esa fuerza que diste a ciertas áreas dentro de tu cerebro te dotaron de grandes habilidades, pero también te desarrollaron defectos que debes desvanecer generando nuevos hábitos. Saber corregir estas interpretaciones ampliará tu mente y la forma en que podrás enfrentarte y resolver nuevos retos.

Aquí te ayudará mucho recordar ese momento de la infancia donde pudiste sentir esa sensación de tu herida:

Para la **indiferencia,** imagina el momento de tu nacimiento quizá no lo recuerdes, pero trata de imaginar y recrear la escena. Percibe la angustia de tu mamá por tu nacimiento, las complicaciones que tuviste que pasar a la hora del parto.	
Para el **rechazo,** imagina el momento en que te sentías relegado por tus padres, trata de recrear el momento que más recuerdes que necesitabas un abrazo o donde sentiste que mamá o papá te rechazó.	Siente esa sensación en tu cuerpo, piensa que eres ese niño o esa niña a punto de nacer, ahora, con eso en mente, quiero que respires profundo y que aparezcas tú, el adulto —tu verdadera esencia— ese ser luminoso que conoce tu destino y te abraza y que te dice «yo me hago cargo de ti». Gracias a ese evento de la infancia, hoy, «yo me hago cargo de ti».
Para el **abandono,** imagina el momento en que te sentiste solo sin apoyo, donde necesitabas jugar o platicar con alguien y no sentiste esa comunicación, esa compañía.	
Para la **humillación,** imagina el momento en que te sentiste maltratado, donde hubo insultos y humillaciones. No había con quién acudir cuando necesitabas ser tratado con amor y no sentiste ese cariño ni esa palabra amable o comprensiva.	Siente esa sensación de protección y de paz en tu cuerpo, respira profundo y lleva esa sensación a cada una de tus células, músculos, tejidos, órganos…
Para la **injusticia,** imagina el momento en que te sentiste injustamente tratado. Escoge uno de los momentos donde tus padres fueron muy duros contigo, recuerda justo ese momento donde sentiste mucha rabia y ganas de cambiar las cosas por sentir que pudieron ser diferentes contigo.	Repite tres veces «Yo me hago cargo de ti».
Para la **traición,** imagina el momento en que te enteraste de ese engaño. Escoge uno de los momentos donde tus padres rompieron tu confianza, recuerda justo ese momento donde sentiste mucha desilusión y empezaste a dudar de todo y de todos.	

Corrige tus interpretaciones de tu linaje

La herencia transgeneracional o las herencias que vienen desde tu linaje, son otros de los condicionamientos que tienes guardados en el subconsciente desde niño y que son muy difíciles de observar y corregir.

Por lo tanto, es necesario que puedas entender que tus abuelos y bisabuelos vienen de una condición difícil o incluso catastrófica, probablemente por las condiciones de vida que tuvieron, ya sea porque experimentaron una situación de salud complicada que les trajo consecuencias o simplemente por no encontrar tranquilidad y paz en el territorio donde podían vivir, quizá venían con problemas emocionales donde hubo separaciones, raptos, muertes o un fuerte problema económico, donde las guerras o las condiciones de vida que tuvieron sus padres, crearon ciertos condicionamientos que, gracias a la adaptación de su cuerpo, se quedaron grabados en la información genética para sus siguientes generaciones, y eso hace que tú reacciones de manera subconsciente ante circunstancias que hoy día no te tocaron vivir.

Por lo tanto, la recomendación que hago para ti es trabajar tu subconsciente transgeneracional por parte de papá y mamá. Para ello, es importante que preguntes cuáles han sido las historias que han tenido tus padres, tus abuelos y bisabuelos en cuestión de salud, dinero y amor, y qué relación tienen con tu vida.

En Naturaleza Humana, un entrenador de la mente ayuda a quienes vienen a sesiones a entender estas lealtades ocultas que afectan su actuar, pero el objetivo que buscamos aquí es que se pueda entender y entregarles de vuelta a tus familiares sus conductas a través del trabajo de tu mente, lo cual es lo más sano para tu vida.

Recuerda que esas condiciones no fueron las tuyas y no tienes porqué cargarlas, guardarles ninguna lealtad o repetir la historia tú mismo.

En la tercera parte del ejercicio, debes corregir las interpretaciones que hiciste de tu herencia transgeneracional, ya que fuiste educado bajo un contexto que quizá ya no se ajusta a la época en la que vives hoy. Nuestros abuelos educaron a nuestros padres con su historia y experiencias, nuestros padres a nosotros con la suya y así sucesivamente, por lo que fuimos creando una cultura que nunca te has cuestionado y, quizá, no te has dado cuenta de que te encuentras repitiendo historias y patrones de tus antepasados. ¡Rompe con ese ciclo y entrena tu mente para que seas **tú** quien dirige tu destino de forma más consciente!

Aquí quiero que hagas un árbol genealógico de tus padres y tus abuelos. Pregunta sobre historias de los abuelos que se puedan parecer a tus heridas y pregunta cómo les fue en el dinero, en el amor y en la salud. Trata de comprender cómo fueron educados los abuelos en su época, tus padres en su época, sumando los posibles miedos que tuvieron tus abuelos por esa condición y piensa en los posibles miedos que tenían tus padres y lo que quisieron evitar contigo. Dibuja y escribe en ese árbol genealógico esas condiciones que vivieron y después obsérvalos y, a las personas que más te parezcas de tus abuelos, diles:

«Abuelo/abuela, te entrego esta caja imaginaria, es tu historia, tu vida, tus tesoros. Al entregártela, me estás quitando un gran peso de encima: todas las historias y emociones que no me pertenecen. Honro y respeto tu vida. Ahora me toca vivir mi propia historia. ¡Gracias!, ahora tengo el permiso de ser libre, de vivir una nueva historia de salud, de abundancia, de amor».

Ahora fíjate en tus padres, a ellos les dirás de igual forma:

«Papá/mamá te entrego esta caja imaginaria, es tu historia, tu vida, tus tesoros. Al entregártela, me estás quitando un gran peso de encima: todas las historias y emociones que no me pertenecen. Honro y respeto tu vida. Ahora me toca vivir mi propia historia. ¡Gracias!, ahora tengo el permiso de ser libre, de vivir una nueva historia de salud, de abundancia, de amor».

Transgeneracional

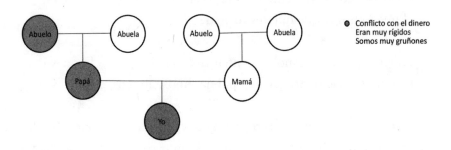

Transgeneracional

Muéstrale a tu mente tu nueva vida

Para poder cerrar ciclos, lo más importante es que logres entender cuáles son los temas que has venido repitiendo a lo largo de tu vida, la de tus padres o la de tus abuelos. Por lo tanto, son esos temas que han estado persiguiéndote toda tu vida, los que tienes que trascender, es decir, verlos desde otra perspectiva o interpretarlos de otra manera. ¡En esto radica la transformación! Lo que tienes que hacer, es un análisis para conocer que, eso que tú interpretas o que interpretaste en el pasado, ahora lo puedes ver sin juicios.

Es muy importante que hagas un parteaguas en tu nueva forma de vivir. Es tan importante lo que vas a lograr, que mereces celebrarlo. Prepara y regálate una fiesta, una graduación, ya que, a partir de ese momento, serás otra persona. Te sugiero apuntar la fecha más importante de tu nueva vida, —*la fecha del cambio*—, ponla en un lugar visible para que la recuerdes cada que la veas, porque esa fecha, te va a dar la oportunidad de identificar y tener siempre presente que **tú has decidido transformar tu vida.** Después de esto, debes imaginar perfectamente cuál es la vida que deseas vivir.

Realiza el siguiente ejercicio respondiendo las preguntas que a continuación te comparto, pero, antes de ello, respira, date una pausa y piensa en cómo te sientes en este momento.

Ahora sí...

¿Percibes cómo se siente tu cuerpo en el nuevo territorio o en el nuevo hogar que quieres formar?

¿Logras percibir cómo se sienten tus emociones con la nueva forma de relacionarte con tu pareja, hijos, amigos, etc.?

Date otro momento, cierra tus ojos, vuelve a respirar profundamente y percibe ahora en tu cuerpo, ese nuevo territorio, ese nuevo hogar en el que planeas vivir, a esa nueva pareja quizá, a los hijos que deseas tener o la nueva manera de relacionarte con tu familia actual.

¿Cómo sientes tu mente, tus pensamientos?

¿Cómo se perciben tus pensamientos en todo lo nuevo que está por llegar a tu vida, en ese nuevo proyecto o trabajo en que quieres proyectarte?

¿Tienes las respuestas? Estoy seguro de que sí. De ahora en adelante, lo único a lo que te tienes que dedicarte, es a crear tu futuro próximo sin cuestionarte, sin juzgarte ni juzgarlo. Materializar es sentir tus sensaciones físicas, emocionales y cognitivas para esa nueva vida que te estás planteando en ese momento, ¡visualízalo!, ¡ya es tuyo! Nada está en el exterior si antes no lo has construido en tu interior.

Y, por último, algo muy importante es que logres entender que ahora tienes que generar nuevos caminos neuronales que tendrás que reafirmar una y otra vez, día con día, aunque ya hayas ejercitado tu mente para ello en el proceso de tu transformación. Es importante que recuerdes que cada vez que te desvíes del camino, tendrás que regresar al nuevo camino neuronal, para esto, te puedes ayudar de tu respiración y de tu visualización, porque ahora tienes una meta que no puede quedarse sin cumplir para tu mente y te estará pidiendo congruencia y acciones para obtenerla.

Recuerda que la capacidad que tiene tu mente de voluntad, enfoque y disciplina, las hará convertirse en tus grandes aliadas para lograr tus metas. Enfócate en el camino y domina todas las distracciones que puedan presentarse cuando lo intentes.

Y, por último, llegamos a la cuarta parte donde se trabaja en tu presente, tu nueva vida. Recuerda que tu cerebro tiene la capacidad de hacerle caso al subconsciente, así es que, cuando tienes claridad en lo que deseas y se lo transmites a estos tres cerebros: sensorial, emocional y racional, de forma clara y práctica desde el subconsciente, entonces, tu mismo cerebro te llevará, de forma consciente y subconsciente a lo que tú sí quieres.

Para llevar a cabo este ejercicio necesitarás 5 hojas en blanco y 2 plumas de diferentes tintas o varios colores. Quiero que dividas tu vida en cuatro etapas y que las dibujes en 4 hojas. Trata de dibujarlas, pero si no sabes dibujar, escribe con tu mano izquierda las características de esa etapa. Obsérvalas colócalas frente a ti y revisa si se parecen en algo o si existió algo que cambió el rumbo de tu vida. Ahora, con otro color, dibuja las mejoras que puede tener esa etapa de tu vida. Piensa en la posibilidad de darle un toque de mejora a esa etapa, quizá sonrisas, flores, o la quieres dejar así no importa. Coloca tu hoja frente a ti y observa de nuevo, sonríe, y ahora, quiero que la quemes en un lugar seguro y, mientras se quema di mentalmente:

«*Gracias por todo lo vivido, por lo experimentado,*
por lo aprendido, gracias y te dejo ir».

Ahora toma tu quinta hoja y dibuja ese futuro próximo que te estás generando a partir de este momento, dibújalo o utiliza recortes de fotografías, revistas, etc. Coloca ahí lo que quieres para tu vida, dale la señal y las instrucciones claras a tu mente consciente y subconsciente que te lleven adonde quieres llegar y adonde quieres estar. Plantéate un futuro próximo y obsérvate físicamente en tu hogar, percíbete emocionalmente en tu relación y ubícate mentalmente en tu trabajo, tu proyecto o actividad.

Respira profundo e impregna esta visión en tu cuerpo, dale la instrucción clara a tu mente para que te lleve, a partir de este momento, a vivir tu quinta hoja. Respira profundo y suelta lentamente el aire.

3) HERRAMIENTAS PARA LA VIDA, LA CORONA DE LAS 3 JOYAS

«La felicidad se halla en la consciencia que de ella tenemos».
—Xavier Wheel

Te preguntarás: ¿A qué corona se refiere?, y ¿qué relación tiene con la felicidad? Mi respuesta es: ¡a la más valiosa de todas y a la que únicamente tú puedes colocarte!

La nombré «La Corona de las Tres Joyas», porque es la capacidad «única» que tiene tu mente para existir desde lo observado. Es decir, vivir en un nuevo nivel de conciencia, para lo cual necesitas practicar tres herramientas básicas —tres valiosas joyas— que ocupan cada una, un pico de la corona y que te permitirán acceder a este nuevo nivel.

La primera joya es la «respiración», la cual te va a dar un preciado regalo: «la conciencia de vivir en el aquí y en el ahora», «la conciencia de lo que está guardado en tu mente», conectándolo con los latidos de tu corazón, lo cual te permitirá lograr el enfoque que necesitas.

La segunda joya es la «visualización», ese poderoso proceso cognitivo que habita en tu mente, que te permite experimentar mediante tu imaginación, cualquier situación que desees y que representa una realidad interna dispuesta a crearse como una realidad externa o tangible.

Cuando aprendas a visualizar, a dirigir tu potencial hacia la creación de lo que deseas, es porque estarás conectando todas las áreas del cerebro en sus diferentes ondas o lenguajes: *Alfa, Beta, Theta, Gamma, Delta,* para que puedas trabajar con las áreas conscientes y subconscientes, y desarrolles autocontrol o disciplina. Te comparto brevemente la función de cada lenguaje cerebral.

Ondas Alfa: te ayudan a mantener tu coordinación mental, a mejorar su potencial, a mejorar tu memoria, tu capacidad de concentración y aprendizaje, a lograr calma y, también, a conservar tus estados de alerta. Todo lo anterior es producido por tu cerebro cuando estás en silencio o en estado meditativo, *aquí y ahora.*

Ondas Beta: se hacen presentes cuando te encuentras en un estado de alerta y atención consciente, cuando estás en actividad mental intensa, cuando haces juicios, cuando tomas decisiones y te encuentras enfocado.

Ondas Theta: son muy importantes durante los momentos en que aprendes cosas nuevas o memorizas. Se activan cuando alcanzas estados de calma, mientras duermes o meditas de manera profunda, cuando tus sentidos se separan del mundo exterior y se enfocan en las señales que generas en tu interior, en donde se alojan tus miedos.

Ondas Gamma: se presentan cuando procesas mucha información al mismo tiempo, lo que en ocasiones te causa ansiedad o temor. Su función es esclarecer el procesamiento de la información que genera tu cerebro y contribuir en tu percepción consciente. Algo maravilloso es que también se activan cuando te encuentras en estados de amor y actividades de altruismo.

Ondas Delta: se hacen presentes cuando realizas ejercicios de meditación profunda, cuando tienes un sueño realmente reparador y logras descansar, lo que permite que se lleve a cabo el proceso de restablecimiento de tu salud.

Ahora que ya tienes más información de lo poderosa que es tu mente, continuo con el tema de la Corona. La tercera joya es «saber y aprender a materializar» para cambiar tu realidad, y para ello, necesitas hacer uso de tu voluntad, esa intención o deseo que hay en ti de hacer algo. Aquí dependerá mucho de la capacidad que tenga tu cuerpo para ordenar tus ideas, sentirlas, expresarlas y generarles una química que te lleve a materializar, de forma consciente y subconsciente, todo lo que deseas.

Respira

La respiración es una de las herramientas más importantes de este nuevo nivel de conciencia, la primera joya de la corona. Se ha estudiado últimamente, que el ritmo de tu respiración cuando se combina con el ritmo de tu corazón, crea una identidad del yo, que permite que sepas lo importante que eres para la vida. Por lo tanto, poner atención en tu respiración, no solamente te lleva a un ritmo donde «tú logras ser tú», sino al ritmo necesario para colocar a tu organismo en un estado de equilibrio, para que pueda recibir nueva información mientras respiras, permitiéndote así conectar con tu propia esencia.

Es importante que sepas, que para poder estar contigo mismo debes lograr una respiración larga y profunda. Te comparto una forma adecuada que te ayudará a conectar: Realiza una respiración profunda en cuatro segundos, mantén el aire en tus pulmones en tres y exhala en siete muy lentamente. Entre más largos sean los segundos en que vas sacando el aire, más relajación logrará obtener tu cuerpo.

Sin embargo, cuando deseas accionar en tu fórmula consciente el estar activo generando voluntad y en posición de fuerza, requieres hacerlo al revés: Respira lenta y profundamente en cuatro segundos y exhala el aire rápidamente. Realizando la respiración de esta forma, tendrás la energía necesaria dentro de tu corazón para activar tu fuerza interior.

Visualiza

Visualizar es la segunda joya de la corona, la segunda capacidad que tiene tu mente superior para que puedas vivir desde un estado de conciencia elevada y observarte a ti mismo. Si sabes visualizar, podrás comprender fácilmente que tienes seis sentidos dentro de tu propia mente: percibir, ver, sentir, saborear, escuchar y oler desde tu propia imaginación. Cuando logres visualizar con todos los sentidos que tiene tu nivel superior de conciencia, serás capaz de entender que puedes crear y dirigir tus propios caminos neuronales.

Por ello, te invito a meditar y a jugar en tu mente haciendo uso de estos elementos, visualízalos en tu mente ¡es muy sencillo! Intenta oler o saborear con tu imaginación, entrena tu mente por 15 minutos diarios. Te aseguro que lograrás nuevas reacciones en una o dos semanas.

Materializa

Es importante que tengas claro, que la capacidad de materializar no está en simplemente decir o decretar las cosas que deseas. No es un proceso que se dé de un día para otro como por arte de magia. ¡Es más que eso! Implica el crear una visión clara desde tus conceptos sensoriales, para que ello a su vez te permita conjugarlos con la energía que existe en el exterior y así poder atraer tus sueños para que verdaderamente puedas materializarlos, pasando por los tres niveles cerebrales. Para que tus deseos y sueños estén desde tu mente sensorial, desde tu mente emocional y racional, tienes que ser capaz de percibir con el cuerpo, generar la química con las emociones y crear un pensamiento completamente intencional de lo que deseas, para que, de esa manera, proporciones las instrucciones claras a tu mente y, de forma consciente y subconsciente, te lleve a lograr lo que más anhelas.

Este es un ejercicio que debes realizar todos los días y que requiere de tu voluntad, enfoque y disciplina. Mientras tu mente «esté» y no se desvíe del camino, tarde o temprano aparecerán todos tus deseos, pero recuerda: *¡ten cuidado con lo que pides, porque el lenguaje del universo no entiende de lo que no quieres, sólo entiende de lo que sí deseas!* Por lo tanto, cuando utilizamos palabras desfavorables, tienes frente a ti la razón por lo que, muchas veces, aparecen cosas negativas o que no deseas, y es porque simplemente lo estás llamando a tu vida, ya sea consciente o inconscientemente. Es por ello, que te recomiendo utilizar esa capacidad mental en lo que consideres mejor para ti, clarificar tu mente, pensar en positivo, actuar y evaluar cómo lo puedes mejorar.

4) DIRIGE TU DESTINO

Quizá la parte más difícil y complicada del ser humano es saber hacia dónde dirigir su destino. Así es que, te dejo esta historia que espero te sirva para poder dirigir tu camino como me sucedió a mí.

Nos ha quedado claro que hemos desarrollado una configuración a partir de los miedos primarios de nuestra infancia y que, gracias a estos, se crearon nuestras habilidades naturales, mismas que se fueron revelando a lo largo de la vida. Así es que, lo que inicia como un dolor, se convertirá en la solución para la humanidad cuando logras compartir tus habilidades de forma adecuada.

Muchas personas confunden las pasiones con las habilidades y quizá, esto provoque una distracción para su propósito de vida. ¿A qué me refiero con ello? Te pongo un ejemplo: cuando un muchacho juega muy bien al fútbol, cualquiera puede reconocer el potencial que tiene para convertirse en un futbolista profesional, pero quizá para él, el fútbol sea simplemente su pasión, porque detrás de esa pasión se encuentra su habilidad de visualización y síntesis para tomar decisiones, para crear jugadas espectaculares, por lo tanto, cuando al muchacho se le pasa su etapa de vida para crear hábitos sanos, deja el fútbol e inicia una excelente carrera en robótica aprovechando su habilidad de visualización y síntesis ahora en este ámbito. En consecuencia, la habilidad siempre permanece, pero las pasiones pueden desaparecer de acuerdo con nuestras etapas de vida.

Así es que, encontrar tu habilidad, es uno de los puntos claves para tu vida y ahora, ya sabes que puedes observarlas en tu configuración. Entonces, una vez que identifiques esa habilidad, misma que a lo largo de tu vida fuiste perfeccionando, ya sea con tus pasiones o en tu vida cotidiana, de forma consciente o inconsciente, la vida estará poniendo en tu camino grandes oportunidades de forma agradable o desagradable, para que la aproveches y puedas compartirla con la humanidad, ya sea en una empresa, en un emprendimiento o en un proyecto.

Sin embargo, estas oportunidades no siempre son aprovechadas por todas las personas, ya sea porque no se dan cuenta o no identifican que tienen algo valioso que compartir con la humanidad. No se atreven a pasar de la codependencia a la independencia, porque no desean dar el paso para moverse del miedo al amor, o porque no quieren elevar su nivel de consciencia y dejar atrás la falsa creencia de su personalidad subconsciente.

Por otra parte, debes saber que, muchas de las circunstancias que te suceden en la vida te van a ayudar para que saques a flote tus habilidades y reveles tu verdadera esencia y, cuando logres con ella ayudar al mundo, cuando sepas resolver un conflicto para este, ¡toma tu poder y compártelo! Para eso fuiste concebido, eso es lo que haces como ser humano.

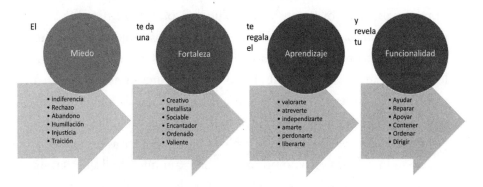

Proceso para revelar tu plan de vida

Identifica tus miedos primarios

En capítulos anteriores hemos visto que nuestros miedos primarios nos han permitido crear una cierta personalidad, pero ahora, deseo que le des sentido a ese conocimiento.

Si lograste identificarte con uno o más dolores en tu infancia, ahora es el tiempo en que tienes que asumirlo como una gran oportunidad.

Si tienes una Interpretación	El dolor que quiere evitar tu cerebro y que detona tus fortalezas y debilidades es el miedo a:	Selecciona la que te representa
De **indiferencia** o roja	Me siento decepcionado, no soy reconocido.	
De **rechazo** o naranja	Soy aislado, siento que me van a rechazar.	
De **abandono** o amarillo	Estoy solo, me siento sin apoyo.	
De **humillación** o verde	Me siento agredido, no tengo amor.	
De **injusticia** o azul	Me siento enjuiciado, me siento enojado por la injusticia.	
De **traición** o morado	Me siento desconfiado, me siento traicionado.	

Supongamos que reconoces una interpretación o característica de tu personalidad inconsciente y que coincides con ser Sacrificado/Creativo, por lo tanto, debes asumir que el mayor de tus miedos es la falta de reconocimiento, el cual se manifiesta de muchas maneras: vives para los demás y te dejas siempre al último, necesitas que alguien reconozca tu valor y tu esfuerzo, buscas siempre la aprobación de alguno de tus padres en lo que estás realizando, todo lo que haces no lo llevas a cabo por satisfacción personal, ¡sólo lo realizas para ¡agradar a los demás!

Cuando asumes esto como una verdad, aunque sea dolorosa, de cierta forma te estás brindando la oportunidad de verte a ti mismo y por consecuencia a dar el primer paso hacia tu felicidad, dado que el camino de la plenitud se encuentra en tu interior y se expresa en el exterior como una consecuencia de alinear tus habilidades con las oportunidades del mundo.

Identifica el miedo principal que ha marcado tu vida de forma inconsciente y revisa si tienes alguna configuración. Marcar un miedo principal significa que en otros momentos ya has sentido ese conflicto.

Identifica la habilidad que desarrollaste

Gracias a esta reacción de tu cerebro ante el dolor y, posteriormente, a su actuar para evitarlo, lograste desarrollar grandes habilidades, justo para que no te sucediera de nuevo. Esta anécdota en otro contexto, a tu edad y conocimientos, ya no tendría ningún impacto, sin embargo, como quedó guardada en el subconsciente seguirás evitándola cuantas veces sea que se presente la situación que te causa dolor. Lo positivo de esto es que con estas habilidades has logrado salir adelante de muchas dificultades porque, quieras o no, son ahora tus «fortalezas naturales».

Por ejemplo, en el ejercicio anterior, te regalaste el espacio para reflexionar sobre tu configuración y el miedo que te acompaña. Supongamos que coincidiste con el color rojo el cual está relacionado con el sacrificio, y con ello, lograste darte cuenta de que, lo que te sucede, es que tienes un sentimiento de falta de reconocimiento y que, además, tu tiempo, tus actividades y cuidados siempre son sin dudarlo para los demás, pero no para regalártelos a ti mismo ni para ver primero por tus necesidades. Esto es, ¡entregas, aunque no tengas! ¡Estás, aunque no tengas tiempo! ¡Estás en todo momento disponible para todos, menos para ti!

Ahora, quiero pedirte que identifiques qué fortalezas naturales se desarrollaron en tu estructura cerebral y que, por repetirlo una y otra vez de forma consciente o inconsciente, hoy gracias a la práctica, eres un experto y quizá, sin darte cuenta. Por ejemplo, el rojo o la interpretación del sacrificio significa ser creativo por naturaleza, estar conectado con la intuición y fluir libremente porque se integra de manera sencilla a las cosas buenas y positivas de la vida, sus decisiones son intuitivas, lo cual le hace vivir con muchas situaciones afortunadas.

Ahora, identifica tus fortalezas naturales, sólo tienes que continuar con el ejercicio. Si coincidiste con el rojo y el azul en el ejercicio anterior, lee y asimila el mensaje con detenimiento, si es necesario regresa al capítulo de las interpretaciones y reafirma tu valor.

Si tienes una interpretación	Tus fortalezas naturales son:	Selecciona la tuya
De **indiferencia** o roja	Soy creativo y la intuición me favorece al estar al servicio de los demás, eso me hace ser una persona sensible ante las necesidades del mundo y un gran observador de nuevas oportunidades.	
De **rechazo** o naranja	Soy detallista y el nivel de observar los defectos me caracteriza. El vivir un mundo interno me ayuda a analizar el funcionamiento de las cosas para poderlas reparar. Soy una persona asertiva.	
De **abandono** o amarillo	Soy sociable y la capacidad de convocatoria es mi cualidad. El estar rodeado de personas hace que las demás personas vean lo importante que es lograr metas por un bien común.	
De **humillación** o verde	Soy encantador y me gusta conciliar a las personas. Al saber manejar el conflicto puedo entender las necesidades individuales y encontrar soluciones pacíficas.	
De **injusticia** o azul	Soy ordenado y el compromiso me representa. El estar enfocado al resultado hace que los demás logren sus metas en el menor tiempo posible.	
De **traición** o morado	Soy valiente y la competitividad me hace sobresalir. Al hacer las cosas, logro inspirar a las personas y que confíen en mi liderazgo.	

Identifica las fortalezas naturales que se generaron gracias a la interpretación o miedo primario adquiridos en la infancia y recuerda también todos los momentos en los que identificas tu valor. De la reflexión que has hecho, describe con tus propias palabras, *¿cómo son tus fortalezas naturales?*

Identifica el aprendizaje que quieres compartir

Seguramente en esa reflexión que hiciste, también hubo desaciertos y muchas dificultades, sin embargo, a pesar de las caídas sigues adelante, aunque los resultados no sean lo que habías esperado. Ahora, con seguridad te sientes mejor que cuando comenzaste, por lo menos en el área por la que decidiste tomar la decisión, pero veamos, ahora puedes darte cuenta y reconocer que en la vida absolutamente todo es un aprendizaje y eso te es ya, de inicio, de gran ayuda.

Recuerda que el cerebro es un instrumento que nos ayuda a preservar la especie con 3 instrucciones básicas: sobrevivir, reproducirse y colaborar. Todo lo que hace tu cerebro es aprender de la experiencia y almacenar la información para tenerla disponible, y en cuanto estés viviendo una situación similar ponerte alerta y evitar el peligro, sin embargo, tu mente racional tiene la responsabilidad de tomar esa información y convertirla en oportunidad. El secreto que debes de entender es que si te dejas llevar por el miedo tu cerebro te secuestrará e impedirá que tu mente saque todo su potencial, es por eso por lo que te sugiero una y otra vez, «entrena tu mente».

Continuando con el ejercicio, he de decirte que, gracias a estos miedos primarios y a las fortalezas que has desarrollado resolviendo estos conflictos o evadiéndolos, es que has salido adelante, pero te has preguntado ¿cuál es el secreto de la naturaleza humana?

En primer lugar, los miedos primarios se encuentran alojados en el subconsciente y al no ser consciente de estos miedos, no has reparado en resolver de otra manera el conflicto, por ello es que tropiezas en repetidas ocasiones con la misma piedra, por no darte cuenta de ello. Tu mente subconsciente te estará colocando ante la misma situación y en la misma posición una y otra vez hasta que logres aprender la lección, hasta que eres consciente de esto y resuelves con maestría el problema. Siempre será muy útil compartirlo con otras personas para que tengan cuidado con esa piedra y no tropiecen con ella.

Otro ejemplo para que lo tengas más claro: cuando eres consciente de tus habilidades naturales para lograr lo que te propones, muchas personas, y más aún, las que son cercanas a tu entorno, se preguntarán acerca que de cómo lo lograste, y ¡es ahí donde radica el aprendizaje!

Después de recorrer largos caminos, de andar entre tantas piedras y tropezar con varias de ellas o, tras todas esas veces que lograste usar tus fortalezas para salir adelante, me gustaría que analices y te respondas lo siguiente: *¿cuál es el gran aprendizaje en tu vida que vale la pena compartir?* La respuesta, como te he mencionado, está únicamente en ti. ¡Encuéntrala!

Sigamos con el ejercicio, el dolor te hizo desarrollar una habilidad y esta, te ha logrado sacar adelante de muchos conflictos ya sea de forma consciente o inconsciente, por lo tanto, ahora que ya tienes la capacidad de valorar todo lo que te ha sucedido como un aprendizaje, estás listo para enseñarles a otros a que lo comprendan y lo eviten, e incluso, para que puedan hacer mejor las cosas con el conocimiento que les brinda tu experiencia.

Si tienes una Interpretación	Después de tantas batallas, hoy puedes decir que el gran aprendizaje de tu vida es:	Selecciona la tuya
De **indiferencia** o roja	**¡Hoy me valoro!** Me doy cuenta de que vivir para los demás era un mecanismo del miedo para reconocer mi poder. Hoy sé que regalar mi trabajo, no darle importancia a mis sueños y necesidades, sólo hace que limite mi crecimiento.	
De **rechazo** o naranja	**¡Hoy me atrevo!** Me doy cuenta de que lo que «creo» que piensan los demás sobre mí, es producto sólo de mi imaginación, son puros cuentos míos, es un mecanismo de defensa que activo para no sentir el rechazo. Hoy sé que cada uno busca su propio bien y que nada tiene que ver conmigo, por lo tanto, me atrevo a hacer lo que pienso, a tomar acción con todas mis ideas porque mis conocimientos y habilidades son importantísimas para resolver cualquier problema o encontrar una solución.	

De **abandono** o amarillo	**¡Hoy me independizo!** Me doy cuenta de que evitar estar solo, me hacía creer que necesito de las personas para lograr mis metas. Me quito el pensamiento de la falta de apoyo, porque el fuerte soy yo, el que me apoya soy yo mismo, y el que agrega valor, soy yo. ¡Yo mismo soy compañía!	
De **humillación** o verde	**¡Hoy me amo y me trato con gran cariño!** Me doy cuenta de que el conflicto y las agresiones se convertían en una forma de vida. Hoy elijo defender mi dignidad, mi vida y mis ideas con una fórmula amorosa, sin conflictos y de forma fluida. Ahora me encargo de ser inmensamente feliz y comparto mi alegría con el mundo haciendo a un lado al que no quiera compartir lo mismo que yo.	
De **injusticia** o azul	**¡Hoy me perdono!** Me doy cuenta de que me estaba juzgando demasiado, me estaba exigiendo sin medida. Hoy suelto el deber ser y le hago caso a mis necesidades de cariño, de comprensión y acompañamiento, ya que he reconocido que existen otras maneras de lograr lo que deseo y estoy dispuesto a aprender nuevas formas para disfrutar la vida.	
De **traición** o morado	**¡Hoy me libero y te libero de toda responsabilidad que no te corresponda!** Hoy me doy cuenta de que no puedo poner todas mis expectativas en las demás personas, me doy cuenta de que controlar era la manera de asegurarme que no me decepcionarían, aunque no me daba cuenta de lo egoísta o soberbio que podía ser. Hoy me interesa lo que siente el otro y sé que juntos podemos encontrar una solución.	

Con esta reflexión te invito a abrirte a la oportunidad de reconocer lo que has aprendido, puede ser que ya te encuentres en el camino y lo único que necesitabas era comprender el origen por el cual te dedicas a lo que te dedicas.

Combina tus fortalezas, habilidades y pasiones —tienes algo que enseñarle al mundo— y puedes comenzar en cualquier lugar, en tu trabajo, en tu casa, con un proyecto, con una idea, con un emprendimiento, no lo sé, lo importante es que sepas que tus habilidades tienen una valiosa función para el mundo y, cuando te atreves a compartirlas, las puertas de las oportunidades se abrirán y el mundo te lo agradecerá.

¡El mundo te necesita! Así es que, con esta reflexión, te invito a escribir con tus propias palabras lo que has aprendido, así como lo que consideras que valdría la pena compartir con la humanidad.

Identifica tu propósito de vida o pasión

Juntos hemos llegado lejos en este recorrido y, ¿sabes que es lo que más feliz me hace? Saber que has logrado desprenderte del miedo que habitaba en ti y que has aprendido a confiar en la persona más importante: ¡en ti! Que conseguiste verte desde tu interior, que lograste descubrir que la fuente de luz eres tú mismo y que te permitirá, de ahora en adelante, conocerte desde otra perspectiva, desde una versión diferente y mejorada de ti mismo. Y más feliz me siento aún, porque ahora comprendes que la colaboración es parte de nuestra naturaleza como seres humanos, es un instinto, ese instinto que aún no logra desarrollarse en todas las personas y que no ha permitido que evolucionemos. Sin embargo, has podido darte cuenta de que ese instinto nos ha llevado a cosas inimaginables, cosas que antes sólo pensábamos como ficción y que ahora vemos como una realidad, pero ¿qué le ha pasado a la humanidad?, y ¿por qué tantas guerras, desastres y destrucción?

<<Ha sido la forma de alinear el cerebro con la mente>>. La misma tiene muy pocos años en la evolución biológica y apenas se está acostumbrando a interpretar las reacciones del cerebro, el cual está preparado para identificar el peligro y las situaciones que colocan a

las personas en una situación de riesgo, es por eso, por lo que la mente se puede dejar llevar muy fácilmente por pensamientos de miedo, trayendo como consecuencia vivir siempre a la defensiva y pensando negativamente de todo y de todos.

Como creamos nuestra realidad con nuestros pensamientos, también podemos decir que existen miles de personas que han contribuido a un mundo mejor, que han logrado hacerlo mucho más próspero y equitativo, más amoroso... y tú, al igual que ellos, tienes mucho que dar y hacer para revertir este pensamiento, así es que te invito a que juntos hagamos un ejercicio más.

Tu existencia tiene un propósito para la humanidad, eres un engrane de la gran maquinaria del universo que, al colocarte en la posición adecuada, hace que el mundo gire hacia el amor, la paz y la felicidad que tanto anhelas.

Ahora entiendes que tus dolores fueron los que crearon tus fortalezas y que tu cerebro te llevó a repetir diferentes acciones, a recorrer el mismo camino y a tropezar con la misma piedra simplemente por no estar alineado con tu mente racional, sin embargo, cuando le das más peso a tu mente superior, puedes ver tus fortalezas, convertir tus debilidades en oportunidades y estas, en aprendizajes que te hacen cada vez más experto en lo que realizas y en la función que puedes tener en el mundo compartiendo tus habilidades.

Pero de nada te sirve la reflexión si no tomas acción, es por eso por lo que quiero que te des cuenta de que tu vida tiene un propósito muy importante para el mundo y que sólo el que persevera, logra impactarlo positivamente por pequeño o insuficiente que parezca.

Todo ser vivo tiene un propósito y, de forma natural, vive para cumplirlo. En el ser humano no es diferente, sólo que, por nuestra capacidad de raciocinio e imaginación, nos llegamos a confundir mucho por todas las ideas y pensamientos que aparecen espontáneamente en nuestra mente.

A lo largo de este libro te he dado todas las recomendaciones para guiarte y enfocarte hacia lo que quieres, sin embargo, si le agregas esta cereza a tu pastel, te aseguro que todo cobrará mejor sentido y todo lo que hagas se alineará en el camino provocando una sensación de plenitud y felicidad a pesar de cualquier dificultad que se presente porque ahora entenderás que es parte del aprendizaje y que la vida te está presentando nuevas oportunidades.

Selecciona tu configuración y escoge una fuerza motriz o el verbo en infinitivo que más te acomode y escríbelo en la tercera columna:

Si tienes una interpretación	Tienes esta fuerza motriz que te ayudará a definir tu propósito:	Selecciona la tuya
De **indiferencia** o roja	Ayudar, Crear, Impulsar	
De **rechazo o** naranja	Reparar, Restituir, Restablecer	
De **abandono o** amarillo	Apoyar, Acompañar, Soportar	
De **humillación** o verde	Contener, Integrar, Soportar	
De **injusticia** o azul	Ordenar, Establecer, Formar	
De **traición** o morado	Dirigir, Lograr, Conquistar	

Quiero que sepas que el propósito tiene 3 caminos:

1. Siempre ha estado presente en tu vida, pero nunca te has dado cuenta de ello y no has hecho nada para expandirlo.
2. Cuando te encuentra a ti, estás en el camino para expandirlo.
3. Cuando tú lo encuentras y cada día sigues descubriendo cosas nuevas.

Por lo tanto, he de decirte que no importa que no lo tengas tan claro aún, sólo confía en tu intuición y con lo que has aprendido te pido, que completes la siguiente oración:

Quiero (fuerza motriz) _____

a (posibles personas a quien puedes ayudar)

_____

a (lo que aprendiste a solucionar con tus habilidades)

_____

sin que tengan que (dolor que quieren evitar)

_____

Ejemplo:

Quiero ayudar
a hombres y mujeres inquietos por el desarrollo personal,
a encontrar su propósito en la vida
sin que tengan que pasar por experiencias catastróficas para entenderlo.

TABLA DE SOLUCIONES PRÁCTICAS PARA CADA INTERPRETACIÓN

Interpretación	En lo personal	En las relaciones	En lo profesional
Indiferencia (rojo)	Se deja hasta al último	Es demasiado maternal	Genera demasiados proyectos, pero es difícil aterrizarlos
	Sálvate tú para salvar a los demás	Deja que los demás luchen sus batallas	Analiza la viabilidad del proyecto antes de continuar
Rechazo (naranja)	Se retira y aísla cuando algo sale mal	Es demasiado susceptible	Es demasiado perfeccionista e individualista
	Enfrenta el miedo de inmediato, no te escondas	Deja de pensar que todo es en contra tuya, y analiza lo que te piden	Aprende a plantear tus ideas y a compartirlas

Abandono (amarillo)	Eres demasiado indeciso	Eres demasiado absorbente	Dejas tus proyectos a la mitad si sientes que no tienes apoyo
	Toma decisiones sin pedir ayuda	Suelta a las personas y aprende a estar contigo	Cierra ciclos, termina un proyecto antes de empezar otro
Humillación (verde)	Eres demasiado indulgente y malhecho	Eres demasiado masoquista	No hagas las cosas al aventón para que te corrijan
	Procura hacer las cosas bien a la primera	Evita juegos que comprometan tu dignidad y sé más compasivo contigo	Planea tu trabajo hazlo con pasión, dedicación y cuidado
Injusticia (azul)	Eres demasiado rígido	Eres demasiado exigente	Eres demasiado perfeccionista el análisis te paraliza
	Relájate y date el lujo de equivocarte y desordenarte	Dale la oportunidad de hacerlo a su manera, no lo corrijas o lo juzgues	Se pueden ir oportunidades por tu exigencia y perfección
Traición (morado)	Eres demasiado obsesivo	Eres demasiado controlador	Eres demasiado obstinado
	Confía más en tus emociones	Dale más espacio a tu pareja, déjalo libre	Aprende a delegar y enseña tus habilidades a los demás

Conclusión y despedida

«La vida es un laberinto. Algunas personas deambulan toda la vida buscando la salida, pero sólo hay un camino que te lleva cada vez más profundo y sólo cuando llegas al centro lo entiendes».

—CLAUDIA TIEDEMANN

Hoy sigo aprendiendo de la vida y de mis etapas, me di cuenta de que me enfoqué a unas cosas y desaproveché otras, tengo aciertos y fracasos, sin embargo, he comprobado que lo más hermoso de ella, es aprender a disfrutarla. Hoy, a diferencia de muchas personas que conozco, si me dieran la oportunidad de vivir de nuevo, lo haría todo distinto y no por el hecho de no volver a vivir y disfrutar de mi esposa o de mis hijas a quienes amo profundamente, o de todo lo que tanto me apasiona hacer, o por las personas que he conocido y han formado parte de mi existencia, sólo que ahora sé cómo disfrutar más, cómo aprovechar más mi tiempo en cosas importantes más no urgentes; ahora tengo claro que cuando realizo una acción provocó una reacción, que toda causa tiene un efecto, que toda decisión tiene una consecuencia, que toda realidad, por extraña que parezca, es una ilusión. Quiero cambiar muchas cosas, provocar la evolución de la vida, ser parte de la historia, y estoy seguro de que puedo hacerlo una y otra vez, las veces que sea necesario; sé que suena desafiante y divertido, irreverente y atrevido, pero créanme que estoy preparado para un nuevo capítulo de la vida. Quizá hoy no le temo a la muerte ni a no vivir o disfrutar: quizá para mí cada despertar sea un nuevo comienzo y no quiero ni pretendo olvidarlo, por eso me reto a ser diferente cada día, a amar más, a disfrutar más, a compartir más y a dar siempre más. En fin, sólo sé que esta historia continúa y que trataré de dejar atrás huellas que otros puedan continuar.

Pero este libro es para ti, para tu evolución, para alcanzar tu más *Alto Ideal*. Y para esto es que hemos hecho un recorrido sobre mi historia y la de muchos más, para usarlas como ejemplos de los que puedas colgarte. Hemos revisado juntos la metodología para lograr una transformación completa y estructural de nuestro cerebro y así crear una nueva vida: del inconsciente al consciente, y es que, para poder enderezar nuestro mundo, como ya viste, tenemos primero que pasar por un despertar, uno sencillo pero definitivo.

Empezar a conocernos a nosotros mismos, entender de dónde surgen todas nuestras reacciones, saber que nosotros somos constructos de una historia familiar, de una herencia y de muchos años de existencia humana, pero también, de una estructura de la infancia que nos hace reaccionar sin darnos cuenta, es algo simplemente maravilloso. Y, por lo tanto, cuando nosotros empezamos a ser más conscientes de nuestras reacciones inconscientes, podemos estar en un punto de partida para enderezar el rumbo.

La siguiente fase transitada fue entender las seis etapas de la vida, estas que nos plantean una reacción biológica y natural conforme a las necesidades de la misma especie, donde tenemos que integrar a la naturaleza para ser amigos, a la sociedad para formar una pareja, a la cultura para generar dinero y así poder incorporarnos a la intuición para originar una mayor trascendencia para la humanidad, para el amor, para poder entregar nuestra ayuda a todo aquel que lo necesite y, para compartir todo lo experimentado, todo lo vivido como mentoría.

Otro elemento para saber cómo enderezar el rumbo, es identificar nuestros sistemas de reacción automática y entrenarlos para crear nuevas reacciones motivadas por el amor. A estos sistemas que por instinto nos hacen paralizarnos, huir o atacar, también podemos lograr, con nuestra capacidad humana, transformarlos en disciplina, voluntad y enfoque para crear así nuestro propio camino.

Aprendimos juntos a saber identificar que, en nuestra primera infancia, hemos interpretado situaciones de peligro imaginario que nos han creado diferentes heridas, de indiferencia, de rechazo, de abandono, de maltrato, de injusticia o de traición, mismas que van a influenciar en la forma en que vemos la vida.

Y que es por eso, que reconocerlas en nosotros, aceptarlas y sacarles el mejor provecho, será la manera más clara para saber cuáles son los puntos que queremos corregir. Ahora bien, hemos estado acostumbrados por mucho tiempo a vivir en un estado de codependencia y ahora sabemos que debemos trascender estos estados, de la codependencia a la independencia y después a la interdependencia para tener una dependencia mucho más digna en la vejez.

Por esto te recomiendo <<entrenar tu mente>>, para que logres cambiar esas reacciones impulsivas desde la raíz y puedas hacer más fácil la transformación que deseas. Tienes que llevar tu vida de una conciencia inferior a una conciencia superior, dominar tus instintos y trascenderlos a conceptos colaborativos como el amor, la paz y la felicidad para el mundo, un paso del miedo al amor, un entrenamiento para poder comprender cómo llevar tus pensamientos y tus reacciones del miedo al amor, lo que te permite tener claros todos los parámetros para poder transformar tu vida. Empieza a plantearte con claridad hacia dónde quieres llegar, ese futuro próximo que estarás creando continuamente con tu nueva mentalidad, piensa qué necesitas mejorar cada día.

No quisiera terminar estas líneas sin recordarte que, con toda esta información, estás coronado, eres dueño de la Corona de las Tres Joyas que puedes colocar en tu cabeza, reconociendo a tu mente y reconociéndote a ti mismo por trabajar de la mano con ella.

¡Te doy la bienvenida a **esta nueva vida!**

La Corona de las Tres Joyas te recordará que la respiración, la visualización y la materialización, son los súper poderes humanos que te permitirán construir una nueva vida y deseo que, a partir de este momento, construyas el destino más hermoso que mereces acompañado siempre por tu verdadera esencia. ☺

Datos de contacto

Sitio web:
www.naturalezahumana.com.mx

Facebook: Naturaleza Humana
https://www.facebook.com/naturalezahumana.com.mx/

YouTube: Naturaleza Humana
https://www.youtube.com/@NaturalezaHumana

Instagram: Naturaleza Humana
https://www.instagram.com/naturalezahumana.com.mx/

Tiktok: Naturaleza Humana
https://www.tiktok.com/@naturalezahumana.com.mx